שיש

chiche

שיש

chiche

LA CUISINE ISRAÉLIENNE FACILE

Jonathan SASON-COHEN

Photographies : Jordan Landaverde
Stylisme : Chloë Prestwich

SOLAR

De Paris à Tel Aviv

La cuisine israélienne est une cuisine de mélange et de tradition. Depuis plus de 70 ans, les Juifs émigrant vers Israël ont ramené leurs recettes avec eux. On retrouve ainsi en Israël des recettes originaires d'Europe de l'Est, du Maghreb ou du Moyen-Orient. S'ajoutent ainsi au schnitzel, au gefilte fish, à la shakshuka ou encore aux kubbeh les plats issus du terroir et des traditions culinaires juives et arabes, présentes depuis des siècles sur cette terre comme le falafel ou le houmous.

La cuisine israélienne, et par extension la cuisine juive, est également bâtie sur les règles de la « casherout ». Il s'agit de l'ensemble des prescriptions alimentaires rituelles du judaïsme. Par exemple, il est interdit de consommer un poisson n'ayant ni nageoire ni écaille, ou encore il est interdit de mélanger de la viande avec des laitages.

De manière plus contemporaine, la cuisine israélienne s'est exportée et s'est mondialisée grâce à des cuisiniers de génie comme Yotam Ottolenghi ou Eyal Shani, en proposant une cuisine axée sur le végétal, avec des cuissons brutes et modernes mais en gardant toujours un lien avec la cuisine traditionnelle.

La ville de Tel Aviv caractérise à merveille ce mélange entre tradition et modernité. Surnommée « la ville qui ne dort jamais », elle est parsemée de cafés, restaurants et bars. Il y règne une atmosphère singulière et bouillonnante, un mélange subtil entre l'Orient et l'Occident. Depuis une dizaine d'année, Tel Aviv est aussi devenue le bastion du véganisme : plus d'une personne sur dix ne consomme pas de produits d'origine animale !

Les recettes présentes dans ce livre sont issues de cet héritage culinaire et respectent l'ensemble des règles de la Kasherout. À l'image de Tel Aviv, une grande partie des recettes sont également végétariennes. Elles sont articulées autour de quatre moments de la journée et ou de l'année : le petit déjeuner, la cuisine de tous les jours, la cuisine de rue et la cuisine du Shabbat et des fêtes.

Je vous invite à découvrir à travers ce livre mes origines et ma cuisine.

Jonathan Sason-Cohen
Fondateur **@chicheparis** et **@levinskydeli**

Une histoire de famille

Mon grand-père Zaki et moi, été 1992.

Je suis issu d'une double culture franco-israélienne, qui a fait naître en moi l'amour pour la cuisine. Ma mère, Véronique, est née à Paris, ses parents tenaient la brasserie Le Greffulhe, dans le 8e arrondissement de Paris. Dès l'adolescence, elle rêvait d'ailleurs, d'exotisme, et plus particulièrement d'Israël. Une fois la majorité atteinte, elle décide de passer ses étés à faire du volontariat dans divers kibboutz un peu partout en Israël, et tombe amoureuse du pays. Mon père, Elie, est israélien d'origine irakienne. Il est né à Nahariya dans le nord d'Israël, à 10 km de la frontière avec le Liban. Mes grands-parents paternels viennent de Mossoul et de Kirkouk en Irak, ils sont arrivés en Israël au début des années 50 et font partie des 120 000 Juifs qui ont dû quitter l'Irak pour Israël après avoir été dénaturalisés et spoliés. Ils sont arrivés en Israël en tant que réfugiés et ont vécu quelque temps dans des camps avant de pouvoir s'établir à Nahariya. Mon père fait partie d'une famille très nombreuse, de 12 enfants !

Mes parents se sont rencontrés dans les années 1980 à Paris, alors que mon père parcourt l'Europe pour le traditionnel voyage post-service militaire (c'est une coutume de voyager après son service militaire en Israël, il faisait donc ce voyage et a rencontré ma mère par le biais d'un ami commun). Il décide d'émigrer en France en 1987. J'ai grandi dans un foyer que je qualifierais de juif pratiquant traditionnaliste. Chaque semaine, nous célébrions le Shabbat, un moment familial et de partage ou nous nous retrouvions en famille autour d'un repas traditionnel. Le Shabbat est le jour du repos, durant lequel les Juifs pratiquants n'utilisent ni flamme ni électricité : tous les plats doivent donc être préparés à l'avance. C'est pourquoi il est de coutume de manger différentes salades en guise d'entrée, puis plusieurs plats chauds qui auront mijoté toute la nuit sur une plaque chauffante. Ce rendez-vous hebdomadaire était l'occasion pour moi de voir mes parents passer du temps en cuisine, et ce chaque semaine, qu'il y ait des invités ou non à la maison.

À cette occasion, nous étions avec mon frère et ma sœur, Avigdor et Oriane, souvent sollicités pour donner des coups de main. Ce sont mes premiers souvenirs de cuisine. J'ai également ce souvenir singulier de mon père cuisinant. Quand les pères de mes amis ne « savaient pas faire cuire un œuf », le mien faisait le marché, les courses et passait beaucoup de temps en cuisine. Il nous préparait des plateaux-repas pour l'école, nous faisait des schnitzel, des boulettes de poisson et bien sûr du houmous les dimanches midi. Il avait à cœur de nous préparer des plats de chez lui et de son enfance, afin de perpétuer la transmission, et c'est ce que je compte également faire avec mon fils Jacob dès qu'il en aura l'âge !

Mon père est le seul de sa famille à avoir fait le choix de quitter Israël. Nous partions donc presque tous les étés en Israël, avec mes parents, mon frère et ma sœur pour leur rendre visite.

De la nourriture tout le temps et partout. Voilà ce qui ressort avant tout de mes souvenirs d'enfant. Je ne le comprenais pas forcément à l'époque, mais cette opulence était une preuve d'amour. La barrière de la langue rendait les échanges compliqués, la nourriture devenait donc le moyen ultime d'exprimer ses sentiments. J'ai ce souvenir de ma grand-mère nous disant toujours en hébreu : « Touhlou, Touhlou ! », ce qui signifie : « Mangez, Mangez ! » Dans ce genre de famille, très nombreuse et modeste, chaque repas a des airs de banquet et tout le monde doit participer. Ma grand-mère passait plusieurs heures par jour derrière les fourneaux pour nourrir cette grande famille.

En Israël, le week-end commence le jeudi soir. Le vendredi est le jour de marché, le « shouk », notamment en prévision du Shabbat durant lequel tous les commerces sont fermés. J'ai le souvenir de ma grand-mère, puis plus tard de mes tantes, revenant du shouk, les paniers débordant de

Première photo d'identité de ma grand-mère Latifa, sur un document israélien.

Mon père et moi au Mur des lamentations à Jérusalem, avril 2000.

Stand dans le shouk HaCarmel à Tel Aviv.

légumes, d'épices, de viande et d'herbes fraîches. Lorsqu'elles déballaient les différents paquets dans la cuisine, toutes les odeurs se mélangeaient et j'attendais avec impatiente l'heure du dîner du Shabbat.

La holy trinity ! *Voir recettes page 66.*

Mes vacances d'été en Israël étaient aussi souvent synonymes de liberté et d'excès dès qu'il d'agissait de nourriture. Il n'y avait pas d'heure pour les confiseries, les glaces et les boulettes de falafel ! Ma tante Esther et son mari Alex tenaient une supérette ou nous pouvions littéralement nous servir à volonté, le rêve de beaucoup d'enfants !

En grandissant, j'ai développé une vraie passion pour ce qu'on appelle les houmoussiya qu'on trouve partout en Israël. Ce sont des « bouis-bouis » avec des chaises en plastique, où le houmous est roi et où toutes les classes sociales se mélangent. Les ouvriers mangent à côté des ingénieurs de la tech. La carte d'une houmoussiya est souvent très succincte, et il n'y a pas d'horaire de fermeture : ça ferme lorsqu'il n'y a plus de houmous !

Celui-ci y est lisse et onctueux et est servi en plat principal, avec des garnitures, un œuf ou encore des pignons. Il n'est pas rare de trouver également des falafels, une salade de crudités, des frites et des pickles. J'aime avant tout la simplicité de ces endroits et je m'y rends encore à chacun de mes voyages.

Rien ne me prédestinait vraiment à ouvrir un restaurant, à part peut-être le fait que mes grands-parents maternels tenaient pendant longtemps une brasserie à Paris ! À la fin de mes études en école de commerce, je me suis dirigé comme beaucoup vers une multinationale. Au bout de 6 mois, le constat est sans appel : je ne m'épanouis pas et je ne m'épanouirai jamais dans ce genre de méga structure.

Je décide donc d'intégrer une petite PME d'une dizaine de personne dans le domaine de l'aéronautique. Je suis, au quotidien, au contact des problématiques entrepreneuriales, et ça me plaît ! Trois ans plus tard, je décide de monter mon projet et de me lancer dans la restauration. Ma vision est très simple : je veux apporter à la scène culinaire parisienne un petit bout de Tel Aviv et servir un houmous de qualité, ce qui n'existe pas jusque lors.

Lorsque le projet naît dans mon esprit, au début de l'année 2016, le houmous commence à être de plus en plus présent : dans les magazines, sur les plateaux télé des émissions de santé, dans les rayons des supermarchés, lors d'apéros entre amis ; cette tendance étant fortement poussée par l'avènement du végétarianisme et du véganisme. Tout le monde en France commence à manger du houmous. Je suis ravi car j'adore ça, et j'en mange depuis tout petit. Le seul problème, c'est que je n'arrive pas à retrouver les goûts et les textures des meilleurs houmous, dégustés en Israël.

Je décide donc d'acheter un robot mixeur, et je cherche, dans la mini-cuisine de mon studio parisien, à comprendre comment fonctionne le houmous. Des pois chiches, du tehina, du jus de citron, du sel, et pour certains de l'ail et des épices, basta. Sur le papier, c'est simple comme bonjour, mais je réalise vite qu'obtenir le goût et la texture que je souhaite n'est pas chose aisée !

Pendant quelques mois, je fais plusieurs allers-retours en Israël afin de peaufiner le sourcing des pois chiches et du tehina. J'ai également l'occasion de faire un stage dans un restaurant à Kafar Yassif. À ce moment-là, je ne me rends pas compte de la difficulté d'un tel projet. Je n'ai pratiquement aucune expérience en restauration, j'aime et je sais bien cuisiner certes, mais dans un cadre privé ! Je n'ai jamais cuisiné pour plus de dix personnes à la fois. Rapidement, je suis confronté à la frilosité des banques. Je m'enthousiasme à leur expliquer que le concept est novateur, que ça n'existe pas encore à Paris, qu'il a déjà fait ses preuves dans plusieurs capitales européennes et que nous pouvons être les premiers, on me répond que ce n'est pas un argument qui joue en ma faveur car il n'y a pas assez de recul, qu'il vaudrait mieux faire des sushis ou des pizzas…

Pourtant, aujourd'hui, le restaurant a 6 ans et se porte très bien ! J'ai réussi le pari de faire manger du houmous en plat principal à des gens qui n'en avaient pas l'habitude, et je suis heureux et fier d'accueillir de nombreux israéliens expatriés à Paris qui ont le mal du pays.

Vous trouverez donc dans ce livre les recettes culte de chez Chiche, mais également des recettes traditionnelles d'Irak de ma grand-mère méconnues en France, puis tout simplement mes recettes préférées.

Mes grands-parents Zaki et Latifa en 1968 à Nahariya.

Beteavone* !

* Bon appétit !

Sommaire

Le petit déjeuner
ארוחת בוקר

Le petit déjeuner

Boulangerie dans le shouk HaCarmel.

Le petit déjeuner est probablement mon moment et mon repas préféré de la journée lorsque je suis en Israël. Tout d'abord pour une question de climat car le soleil se lève très tôt, vers 5 heures. C'est un moment où la luminosité est incroyable, le soleil commence à pointer le bout de son nez, mais il ne fait pas encore trop chaud, les terrasses des cafés commencent à se remplir, la ville se réveille !

Ce que j'aime c'est aussi que le petit déjeuner, en Israël et au Moyen-Orient, est presque exclusivement salé et c'est un vrai repas, dans le sens où il est copieux et varié.

Depuis tout petit, je suis fan des petits déjeuners salés.

Mon père nous a, dès le plus jeune âge, habitués à manger du fromage, des salades de légumes, des toasts et des omelettes le matin. En bon Français, j'aime aussi naturellement les viennoiseries et les tartines de beurre-confiture sur une baguette bien chaude, mais j'apprécie par-dessus tout le côté « cuisiné » des petits déjeuners salés.

Mon péché mignon du petit déjeuner à l'orientale est le cottage cheese, que l'on trouve dans le frigo de toutes les familles en Israël. C'est une sorte de fromage frais caillé, à la texture granuleuse. Il est originaire de Grande-Bretagne et a été introduit dans la région au début du XXe siècle, lorsqu'elle était sous mandat britannique. Je suis pourtant également un grand amateur de fromage français bien affiné, mais le cottage cheese me ramène instantanément en enfance. J'aime le manger sur des tartines, ou avec une salade de légumes. Son coté très frais est particulièrement agréable lorsqu'il fait chaud. Vous le retrouverez en page 31 dans ma version du breakfast sandwich.

Il est difficile de parler de petit déjeuner sans évoquer les borekas. Ce sont ces pâtisseries salées, triangulaires ou rectangulaires, qu'on retrouve à tous les coins de rues. On peut les déguster sur le pouce, ou bien opter pour les versions plus grosses servies généralement avec un œuf dur, de la purée de tomates et un cornichon. Ils sont pour moi emblématiques des petits déjeuners à l'israélienne.

J'ai toujours aussi beaucoup aimé le concept de manger un petit déjeuner au restaurant. Même si cette tendance est aujourd'hui très développée en France avec les brunchs du week-end, lorsque j'étais plus jeune, ça ne l'était pas du tout. J'ai des souvenirs de grandes tablées au restaurant, avec une multitude de petites assiettes à partager. C'est toujours le cas aujourd'hui puisqu'il est très commun en Israël de se retrouver avec des amis à une terrasse de restaurant pour le petit déjeuner.

Déjeuner chez Port Said à Tel Aviv.

Shakshuka
שקשוקה

POUR 4 PERSONNES / PRÉPARATION = 15 MIN / CUISSON = 30 MIN

120 ml d'huile d'olive
1 oignon jaune coupé en dés
2 poivrons rouges coupés en dés
3 gousses d'ail émincées en fines lamelles
3 cuil. à soupe de paprika doux
1 cuil. à soupe de cumin en poudre
1 cuil. à soupe de coriandre moulue
Sel
Poivre
1 kg de pulpe de tomates
2 cuil. à soupe de sucre
8 œufs fermiers
Quelques brins de coriandre fraîche pour le dressage

Dans une grande poêle, faites chauffer environ 60 ml d'huile d'olive. Ajoutez l'oignon, les poivrons, l'ail, le paprika, le cumin, la coriandre moulue et une bonne dose de sel et de poivre. Laissez cuire pendant 10 minutes environ à feu moyen en remuant de temps en temps. Les poivrons ne doivent pas griller.

Ajoutez ensuite la pulpe de tomates ainsi que le sucre, remuez et laissez cuire pendant 12 à 15 minutes, jusqu'à ce que la préparation réduise d'environ un tiers. Ajoutez le reste d'huile d'olive.

À l'aide du dos d'une cuillère à soupe, faites 8 petits trous sur la préparation, puis cassez-y les œufs. Baissez le feu à doux, couvrez et laissez cuire pendant environ 5 minutes. Vous devez distinguer le blanc de l'œuf, et le jaune doit rester coulant.

Lorsque c'est prêt, sortez du feu et ajoutez de la coriandre fraîche ciselée. Dégustez !

IL EXISTE 1 001 VARIANTES POUR AGRÉMENTER LA SHAKSHUKA. MES PRÉFÉRÉES RESTANT AVEC DE LA FETA OU BIEN DES MORCEAUX DE MERGUEZ. JE VOUS CONSEILLE AUSSI DE LA DÉGUSTER AVEC DE LA CHALLAH (VOIR RECETTE P. 122).

שרש

Boker tov toasts
טוסט בוקר טוב

POUR 4 PERSONNES / PRÉPARATION = 5 MIN / CUISSON = 5 MIN

8 tranches de challah (voir p. 122)

8 cuil. à soupe d'aïoli au zaatar (voir p. 65)

8 œufs fermiers

Huile d'olive

Poivre

TIPS

À servir avec la salade Akko (voir p. 24) ou la market salad (voir p. 82).

Toastez les tranches de challah pour qu'elles soient légèrement croustillantes, soit au grille-pain, soit au four. Étalez dessus généreusement l'aïoli.

Dans une poêle huilée et chaude, faites cuire les œufs au plat.

Disposez les œufs sur les tranches de challah et ajoutez une bonne dose de poivre. Dégustez !

Omelette aux herbes
חביתה ירוקה

POUR 4 PERSONNES / PRÉPARATION = 10 MIN / CUISSON = 10 MIN

Huile olive

1 oignon jaune ou blanc coupé en dés

3 gousses d'ail hachées

2 cm de racine de gingembre frais hachée

1 bouquet de persil

1 bouquet d'aneth

1 bouquet de coriandre

8 œufs fermiers

Sel

Poivre

TIPS

À servir avec du labneh (voir p. 82) ou de la purée de tomates (voir p. 66) et une belle tranche de pain de campagne toastée !

Dans une poêle, chauffez 2 à 3 cuillerées d'huile d'olive. Faites revenir l'oignon quelques minutes. Ajoutez l'ail et le gingembre haché et faites frire avec l'oignon.

Hachez finement les herbes et ajoutez-les dans la poêle. Laissez frire 30 secondes (vous pouvez en mettre de côté pour le dressage).

Dans un bol, battez les œufs en assaisonnant de sel et de poivre. Ajoutez-les dans la poêle. Retournez au bout de quelques minutes lorsque le dessous est bien doré.

Servez lorsque les deux faces sont bien cuites.

POUR 15 BOREKAS

TIPS
La recette fonctionne aussi très bien avec des épinards surgelés. Veillez simplement à les décongeler entièrement et à les égoutter avec soin.

Borekas épinards et fromage
בורקס תרד וגבינה

PRÉPARATION = 20 MIN / CUISSON = 20 MIN

Huile d'olive

300 g d'épinards en branche

1 petite gousse d'ail

120 g de fromage bulgare à base de lait de brebis, type kefalogravierra ou kashkaval (à défaut, ossau-iraty)

200 ml de crème fraîche

Sel

Poivre

Dans une poêle huilée bien chaude, faites cuire les épinards pendant 5 à 8 minutes.

Une fois refroidis, égouttez-les soigneusement afin de retirer un maximum d'eau, puis coupez-les en petits morceaux à l'aide d'un couteau.

Mélangez les épinards, la gousse d'ail hachée, le fromage râpé et la crème fraîche. Salez, poivrez.

Borekas pomme de terre et oignon
בורקס תפוחי אדמה ובצל

PRÉPARATION = 30 MIN / CUISSON = 20 MIN

500 g de pommes de terre à purée

2 oignons jaunes

1 gousse d'ail

Huile d'olive

30 g de beurre

1 cuil. à café de noix de muscade moulue

Sel

Poivre

Épluchez les pommes de terre, puis faites-les bouillir jusqu'à ce qu'elles soient tendres.

Pendant ce temps, ciselez les oignons et l'ail en petits cubes, puis faites-les revenir dans une poêle huilée à feu moyen pendant 10 minutes environ, jusqu'à ce que les oignons soient bien confits.

À l'aide d'un presse-purée ou tout simplement d'une fourchette, écrasez les pommes de terre en laissant quelques morceaux. Ajoutez ensuite la compotée d'oignons ainsi que le reste des ingrédients. Salez, poivrez.

Borekas feta
בורקס פטה

PRÉPARATION = 5 MIN / CUISSON = 20 MIN

1 petite botte de persil
1 petite botte de menthe
100 g de ricotta
160 g de feta
100 g de fromage bulgare à base de lait de brebis, type kefalograviera ou kashkaval (à défaut, ossau-iraty)
2 cuil. à soupe de farine
Sel
Poivre

Ciselez les herbes, puis mélangez tous les ingrédients.

Salez, poivrez.

Borekas champignons
בורקס פטריית

PRÉPARATION = 15 MIN / CUISSON = 20 MIN

800 g de champignons de Paris
8 gousses d'ail
1 grosse botte de persil
Huile d'olive
4 cuil. à soupe de fromage frais type St Morêt®

Hachez les champignons, l'ail et le persil.

Faites cuire le tout dans une poêle chaude et huilée pendant 10 minutes environ.

Égouttez, puis mélangez avec le fromage. Salez, poivrez.

Façonnage des borekas

1 pâte feuilletée
Graines de sésame et/ou de pavot
20 g miel
2 jaunes d'œufs

Étalez la pâte feuilletée et découpez des carrés de la taille de votre choix (je préconise des carrés de 10 cm de côté).

Disposez l'équivalent de 1 cuillerée à soupe de la farce de votre choix, puis rabattez un côté du carré vers son extrémité opposée afin de confectionner un triangle.

Veillez à bien souder le borekas en utilisant soit les dents d'une fourchette, soit à la main. Il faut que la soudure soit la plus hermétique possible.

Dans un bol, mélangez les jaunes d'œufs et le miel (1 jaune d'œuf pour 10 g de miel). À l'aide d'un pinceau, badigeonnez les borekas.

Parsemez-les soit de graines de sésame, soit de graines de pavot, soit des deux, selon vos goûts. Disposez sur une plaque garnie de papier cuisson et enfournez pour 20 minutes environ à 180 °C (th. 6) en mode chaleur tournante. Dégustez !

Salade Akko
סלט עכו

POUR 4 PERSONNES / PRÉPARATION = 15 MIN

4 tomates à chair ferme
3 mini concombres
1 gros oignon rouge
1 botte de persil
Le jus de 2 citrons jaunes
2 cuil. à soupe de vinaigre blanc
3 cuil. à soupe d'huile d'olive
1 cuil. à café de paprika fumé
1 cuil. à café de cumin en poudre
Sel
Poivre

Coupez les légumes en petit dés et hachez finement le persil. Dans un bol, mélangez le jus de citron, le vinaigre blanc, l'huile d'olive et les épices.

Ajoutez les légumes et bien mélanger.

Salez et poivrez généreusement et servez très frais.

TIPS

Vous pouvez également ajouter des poivrons rouges ou verts !

Jerusalem bagel
בייגל ירושלמי

POUR 6 BAGELS / PRÉPARATION = 25 MIN / REPOS = 2 H 20 / CUISSON = 20 MIN

500 g de farine T55

½ sachet de levure boulangère sèche (environ 10 g)

50 g de sucre

280 g d'eau à température ambiante

15 g de sel

30 g d'huile d'olive

60 g de graines de sésame pour la garniture

Dans la cuve d'un robot muni d'un crochet, mélangez la farine et la levure. Ajoutez ensuite le sucre, l'eau et le sel. Pétrissez en vitesse lente pendant au-moins 5 minutes. Ajoutez au fur et à mesure l'huile d'olive. La pâte doit être lisse et homogène. Recouvrez le bol d'un torchon et laissez reposer 1 heure environ à température ambiante.

Divisez la pâte en 6 boules de taille égale. Déposez-les ensuite sur une plaque de cuisson recouverte de papier cuisson. Couvrez à nouveau et laissez reposer 1 heure à température ambiante.

Pour le façonnage des bagels, percez le centre de chaque boule à l'aide du pouce. Puis, à l'aide des autres doigts, élargissez le trou. Vous devez obtenir un anneau de forme ovale. Couvrez et laissez reposer 10 minutes supplémentaires.

Badigeonnez chaque bagel d'eau à l'aide d'un pinceau, puis recouvrez-les généreusement de graines de sésame.

Préchauffez le four à 220 °C (th. 7) en mode chaleur tournante, puis enfournez-les pendant 20 minutes environ. Les bagels doivent être bien dorés. Laissez-les refroidir avant de servir.

AUSSI APPELÉ EN ARABE KAAK AL-QUDS, ON LE RETROUVE LITTÉRALEMENT DANS TOUS LES COINS DE LA VILLE !

שיש

JACKY CHAN
IN
THE DRAGON

Breakfast sandwich
כריך בוקר

POUR 4 SANDWICHS / PRÉPARATION = 10 MIN

3 grosses tomates juteuses (type cœur-de-bœuf ou noire de Crimée)

1 concombre

1 oignon rouge

4 petites challahs individuelles (voir p. 122)

500 g de cottage cheese (à défaut, du cream cheese type Philadelphia®)

Poivre

Huile d'olive

Sel

Coupez les tomates en tranches d'environ 0,5 cm d'épaisseur. Coupez le concombre en tranches d'environ 4 cm de longueur et 0,5 cm d'épaisseur. Ciselez l'oignon en fines lamelles.

Coupez les challahs individuelles en deux. Sur chaque face, étalez généreusement du cottage cheese, poivrez, puis ajoutez un filet d'huile d'olive.

Dressez le sandwich de la façon suivante : oignon rouge, tomate, concombre, puis à nouveau tomate. Sur chaque tranche de tomate, pensez à ajouter du sel et un filet d'huile d'olive. Dégustez sans attendre !

Rugelach
רוגלך

POUR UNE TRENTAINE DE PIÈCES / PRÉPARATION = 30 MIN / REPOS = 2 H 05 / CUISSON = 45 MIN

Pour la pâte

200 ml de lait tiède

1 cuil. à café de sucre

1 cube de levure boulangère

500 g de farine de blé

115 g de beurre

1 sachet de sucre vanillé

2 œufs

1 cuil. à café de sel

Pour le sirop

200 g de sucre

120 ml d'eau

Pour la garniture au chocolat

200 g de chocolat pâtissier

200 g de beurre à température ambiante

100 g de cacao

200 g de sucre

1 cuil. à café de cannelle

Pour le façonnage

1 jaune d'œuf

Préparation de la pâte

Dans un récipient, mélangez le lait, la cuillerée de sucre et la levure boulangère. Laissez reposer pendant 5 minutes.

Dans le bol d'un robot ménager muni d'un crochet, ajoutez la farine, le beurre, le sucre, le sucre vanillé, puis les œufs. Pétrissez à vitesse minimum et ajoutez au fur et à mesure la préparation à base de levure. Continuez de pétrir pendant 3 minutes environ.

Augmentez ensuite la vitesse à moyen, en ajoutant le sel. Pétrissez pendant 8 minutes environ, jusqu'à ce que la pâte se détache des bords. Réservez ensuite la pâte dans un bol fariné. Filmez, puis laissez reposer 1 heure environ à température ambiante, le temps que la pâte double de volume.

Préparation du sirop de sucre et du chocolat :

Dans une casserole, mélangez le sucre et l'eau, portez à ébullition, puis remuez jusqu'à ce que le sucre soit totalement dissous.

Pour la garniture au chocolat, faites fondre le chocolat et le beurre au bain-marie, puis ajoutez le cacao, le sucre, la cannelle. Mélangez puis réservez.

Façonnage et cuisson

Divisez la pâte en deux parts égales. Sur un plan de travail fariné, travaillez la pâte à l'aide d'un rouleau à pâtisserie jusqu'à obtenir deux cercles de la taille d'une pizza. Étalez de manière homogène la préparation à base de chocolat sur la surface de pâte. Coupez 16 parts triangulaires égales à l'aide d'un couteau ou d'une roulette à pizza. Roulez ensuite chaque triangle de pâte en partant de la partie la plus large vers la pointe en veillant à bien serrer, comme pour un croissant. Disposez les rugelachs sur une plaque de cuisson recouverte de papier sulfurisé. Recouvrez d'un torchon et laissez reposer 1 heure à température ambiante.

Préchauffez le four à 180 °C (th. 6) en mode chaleur tournante. Battez un jaune œuf, puis dorez les rugelachs avant de les enfourner pour 20 minutes environ. Dès la sortie du four, recouvrez-les encore brûlants avec le sirop de sucre. Laissez refroidir avant dégustation.

Babka
בבקה

POUR 1 BABKA (6 PERSONNES) / PRÉPARATION = 45 MIN / REPOS = 1 NUIT DE REPOS, PUIS 1 H / CUISSON = 30 MIN

Pour la pâte
75 g de beurre doux
100 g de sucre
250 g de farine
20 g de levure fraîche
2 œufs
6 cl d'eau de source
1 pincée de sel
1 cuil. à soupe d'huile de tournesol

Pour la garniture
70 g de chocolat noir
60 g de beurre doux
25 g de sucre glace
15 g de cacao

Pour le sirop
1 cuil. à soupe de sucre
8 cl d'eau

Préparation de la pâte

Coupez le beurre en cubes de 1 cm de côté et laissez ramollir à température ambiante. Dans la cuve d'un robot pâtissier, versez le sucre, la farine et la levure. Mélangez le tout avec un crochet pâtissier pendant 1 minute environ à vitesse lente.

Ajoutez les œufs et l'eau de source, mélangez quelques secondes à vitesse lente, puis à vitesse moyenne, jusqu'à l'obtention d'une pâte homogène (environ 2 minutes).

Ajoutez le sel, puis le beurre, cube par cube, jusqu'à ce qu'il fonde entièrement dans la préparation. Mélangez environ 10 minutes supplémentaires, toujours à vitesse moyenne. La pâte doit être lisse, souple et brillante. N'hésitez pas à ajouter un peu de farine sur les parois durant l'opération afin que la pâte se détache bien de celles-ci.

Badigeonnez d'huile l'intérieur d'un grand saladier à l'aide d'un pinceau, ajoutez la pâte, recouvrez de film alimentaire et laissez reposer le tout au réfrigérateur durant toute 1 nuit (ou 1 demi-journée).

Préparation de la garniture au chocolat

Faites fondre le chocolat noir et le beurre. Une fois le mélange fondu, sortez-le du feu et ajoutez le sucre glace et le cacao. Réservez.

Montage et cuisson de la babka

1/ Étalez la pâte sur le plan de travail légèrement fariné de façon à former un rectangle d'environ 38 × 28 cm. Graissez un moule à cake avec de l'huile de tournesol et tapissez le fond de papier sulfurisé.

2/ Étalez la garniture au chocolat sur le rectangle de pâte de façon homogène, en laissant un espace d'environ 1 cm sur le pourtour de la pâte. Il est important que le mélange ait refroidi : s'il est trop chaud, il fera fondre la pâte qui deviendra trop difficile à rouler.

3/ Roulez la pâte dans la longueur pour obtenir un boudin.

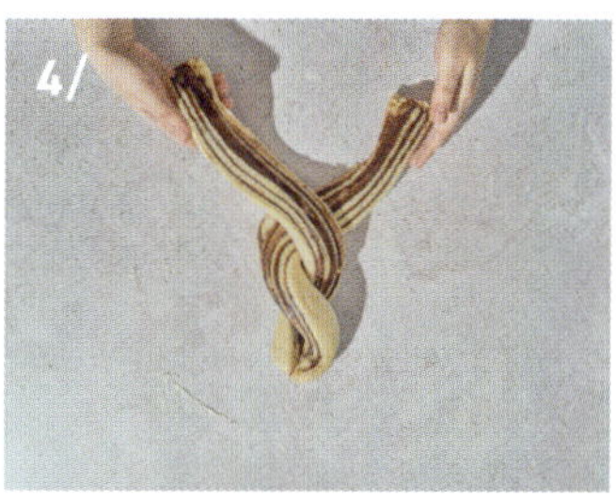

4/ Coupez-le en deux dans la longueur de façon à obtenir 2 parts égales. Enroulez-les ensemble afin d'obtenir 1 tresse à deux branches.

5/ Transférez délicatement la tresse dans le moule à cake. Recouvrez le gâteau d'un torchon humide et laissez lever environ 1 heure dans un endroit chaud. Le volume du gâteau doit augmenter de 10 à 20 %.

Préchauffez le four à 190 °C (th 6/7). Placez le gâteau sur une grille à mi-hauteur et laissez cuire environ 30 minutes. Vérifiez la cuisson à l'aide d'un couteau.

Faire chauffer le sucre avec 8 cl d'eau, à feu moyen. Dès que le mélange forme de petites bulles, retirer du feu. Laisser refroidir quelques minutes avant de badigeonner la babka encore chaude de ce sirop. Laissez refroidir avant de déguster !

Café glacé à la cardamome
אייס קפה עם הל

POUR 1 LITRE / PRÉPARATION = 5 MIN / RÉFRIGÉRATION = 24 H

10 graines de cardamome
4 cuil. à soupe de café moulu
1 l d'eau minérale

À l'aide d'un pilon et d'un mortier, écrasez les graines de cardamome. Ajoutez-les au café dans un grand récipient.

Ajoutez l'eau minérale tout en remuant. Couvrez et laissez reposer 24 h au réfrigérateur.

Passez au filtre à café et servez bien frais avec des glaçons.

TIPS
Si le café est trop corsé à votre goût, vous pouvez ajouter du sirop de sucre !

לוינסקי דלי

La cuisine de rue

אוכל רחוב

La cuisine de rue

La cuisine de rue est omniprésente en Israël, et plus particulièrement à Tel Aviv, dont le centre névralgique est le shouk HaCarmel, le marché. Il est composé de quelques ruelles étroites, où s'entassent de petites échoppes. C'est probablement l'endroit le plus vivant de la ville, particulièrement le vendredi matin, lorsque les gens font leurs courses en vue du Shabbat. Comme dans tout marché on y trouve des primeurs, des bouchers, des épiceries, mais il y a également une multitude de petits stands de street food : des sandwichs en pita, des bricks, des borekas, des sandwichs au poisson, des hallahs garnies, des houmoussiyas... Il y en a partout. Il y a du monde, il y a du bruit, chaque vendeur crie plus fort que le voisin pour attirer les clients.

Mon fils Jacob et moi à Tel Aviv.

Le shouk HaCarmel est l'exemple type du « bordel organisé » qui caractérise si bien Israël !

Au-delà du Shouk HaCarmel, on retrouve des restaurants de street food partout dans la ville. Cela s'explique par le fait que les Israéliens mangent beaucoup, et souvent ! Les horaires de repas sont nettement moins bien définis que chez nous, ces stands ne désemplissent pas de l'après-midi. Ce sont souvent de toutes petites boutiques qui ont pignon sur rue, que les américains appellent « a hole in the wall » (littéralement un trou dans le mur). On les reconnaît de loin grâce à ses petits attroupements de clients qui mangent sur le pouce, souvent debout ou bien assis juste devant sur un banc public. Généralement, ces stands servent des sandwichs en pita. La pita en Israël est de taille moyenne, assez épaisse, avec une bulle d'air à l'intérieur ce qui permet de la garnir. On retrouve donc le plus souvent la pita falafel, la pita shnitzel mais aussi la pita sabich

Stand du houmous HaCarmel dans une ancienne synagogue.

(qui est ma préférée !). Ce sandwich, dont le contenu reprend les composantes typiques du petit déjeuner irakien (aubergines, œufs, pommes de terre...) très peu connu chez nous en Europe, est une création 100 % israélienne, créée de toutes pièces dans les années 1960, et dont la recette est page 54.

L'autre star de la cuisine de rue en Israël est bien évidemment le houmous ! Il se déguste lui aussi sur le pouce, dans un boui-boui, sur un bout de trottoir. Je n'envisage pas un voyage en Israël sans « essuyer un houmous » comme on dit en hébreu, en référence au geste de la pita dans l'assiette.

Avec Sanges, qui travaille chez Chiche depuis 2017.

Houmous de base
חומוס רגיל

C'EST LA STAR DE CHEZ CHICHE, LA RECETTE QUI A FAIT LA RENOMMÉE DU RESTAURANT. J'AI TOUJOURS ÉTÉ UN FERVENT DÉFENSEUR D'UN HOUMOUS LISSE ET ONCTUEUX, RICHE EN TEHINA. NOUS LE SERVONS EN PLAT PRINCIPAL AVEC DES GARNITURES.

POUR 8 PERSONNES / PRÉPARATION = 15 MIN / TREMPAGE = 12 H / CUISSON = 1 H 15

500 g de pois chiches secs de petit calibre

1 cuil. à café de bicarbonate

60 ml de jus de citron

1 cuil. à café de sel

500 g de tehina pure

TIPS

Attention, la texture et la consistance du houmous peuvent varier en fonction de nombreux facteurs ! Il est assez compliqué d'obtenir toujours la même texture. Libre à vous d'adapter la recette en fonction de vos goûts. Par exemple, pour une texture plus liquide, ajoutez de l'eau fraîche dans le robot, tandis que pour une texture plus épaisse, ajoutez davantage de tehina. Vous pouvez également ajouter des épices ou de l'ail pressé.

Rincez abondamment les pois chiches à trois reprises. Faites-les tremper dans une casserole toute une nuit dans au moins 5 litres d'eau.

Le lendemain, changez l'eau, ajoutez le bicarbonate, puis portez à ébullition. Lorsque l'eau bout, réduisez le feu à moyen et laissez cuire pendant 1 heure 15 minutes environ, en prenant soin de retirer l'écume qui se forme à la surface et en remuant de temps en temps. Les pois chiches doivent être tendres à la fin de la cuisson. Égouttez-les.

À l'aide d'un robot, mixez les pois chiches, le jus de citron et le sel pendant quelques minutes. Ajoutez ensuite le tehina et continuez de mixer pendant 1 à 2 minutes. C'est prêt !

Dégustez avec un pain pita (voir p. 50) et des garnitures (voir p. 46).

Houmous messabaha
חומוס מסבחה

POUR 4 PERSONNES / PRÉPARATION = 5 MIN

12 louches de pois chiches cuits et chauds (voir cuisson des pois chiches ci-dessus)

8 cuil. à soupe de tehina pure

4 cuil. à soupe de houmous (voir p. 46)

Le jus de 4 citrons

2 cuil. à café de sel

Mettez tous les ingrédients dans un bol, puis écrasez-les à l'aide d'un presse-purée ou bien d'une fourchette, jusqu'à obtenir la texture souhaitée.

Ajustez en sel et en jus de citron en fonction de vos goûts. Dégustez !

Les garnitures de houmous

Houmous khatzil
חומוס חציל

POUR 500 G (SOIT 5 PORTIONS ENVIRON) / PRÉPARATION = 10 MIN / CUISSON = 25 MIN

2 aubergines coupées en dés de 2 cm environ, avec la peau
Huile d'olive
1 gros oignon jaune ciselé en petits cubes
1 gousse d'ail émincée
1 cuil. à soupe d'harissa
2 cuil. à soupe de coulis de tomate
1 cuil. à café de cumin en poudre
1 cuil. à café de paprika doux
Sel
Poivre

Préchauffez le four à 180 °C (th. 6). Disposez les cubes d'aubergine sur une plaque de cuisson recouverte de papier sulfurisé, arrosez d'un filet d'huile d'olive et faites cuire pendant 20 minutes.

Dans une sauteuse, faites chauffer à feu moyen deux cuillerées à soupe d'huile d'olive et faites suer l'oignon pendant 5 minutes environ.

Ajoutez l'ail émincé et laissez cuire 5 minutes de plus. Ajoutez la harissa, le coulis de tomate, le cumin, le paprika, du sel et du poivre. Remuez et laissez cuire 5 minutes environ.

Ajoutez les cubes d'aubergine, mélangez bien et laissez cuire 5 minutes à feu doux. Servez bien chaud sur le houmous.

Houmous champignon
חומוס פטריות

POUR 4 PORTIONS / PRÉPARATION = 5 MIN / CUISSON = 15 MIN

2 cuil. à soupe d'huile de tournesol
2 champignons portobello émincés
10 échalotes ciselées
2 gousses d'ail écrasées
1 cuil. à café d'épice à shawarma
2 cuil. à café de farine
½ botte de persil
Sel
Poivre

Dans une poêle, faites chauffer l'huile de tournesol, puis ajoutez les champignons. Laissez-les frire jusqu'à ce que qu'ils soient bien dorés. Ajoutez les échalotes et laissez-les frire 10 minutes en remuant. Pressez l'ail et ajoutez-le avec les épices. Mélangez bien.

Faites un puits au milieu de la poêle et ajoutez-y la farine ainsi que 125 ml d'eau bouillante. Remuez immédiatement à l'aide d'une fourchette. Baissez le feu, ajoutez le persil et laissez cuire encore 2/3 minutes. Assaisonnez en sel et poivre. Servez aussitôt sur le houmous.

Houmous au boeuf yerushalmi
חומוס ירושלמי

POUR 500 G (SOIT 5 PORTIONS ENVIRON) / PRÉPARATION = 5 MIN / CUISSON = 20 MIN

2 cuil. à soupe d'huile d'olive
1 gros oignon jaune ciselé
2 gousses d'ail émincées
70 g de pignons de pin
400 g de bœuf haché
1 cuil. à café de baharat
1 botte de persil ciselée
Sel
Poivre

Dans une poêle, faites chauffer l'huile d'olive, puis ajoutez l'oignon ciselé. Laissez-le suer jusqu'à ce qu'il soit bien translucide. Ajoutez l'ail et les pignons de pin, puis laissez cuire à nouveau 5 minutes environ. Ajoutez le bœuf et laissez cuire une dizaine de minutes.

Hors du feu, ajoutez le baharat et le persil, puis mélangez. Assaisonnez en sel et en poivre avant de servir sur le houmous.

Houmous bassar
חומוס בשר

POUR 500 G (SOIT 5 PORTIONS ENVIRON) / PRÉPARATION = 5 MIN / CUISSON = 25 MIN

2 cuil. à soupe d'huile d'olive
1 gros oignon jaune ciselé
1 gousse d'ail émincée
400 g de bœuf haché
1 cuil. à soupe de paprika doux
Sel
Poivre

Dans une poêle, faites chauffer l'huile d'olive, puis ajoutez l'oignon ciselé. Laissez-le suer jusqu'à ce qu'il soit bien translucide. Ajoutez l'ail et laissez cuire à nouveau 5 minutes environ.

Ajoutez le bœuf, le paprika, le sel et le poivre. Mélangez bien et laissez cuire à feu moyen pendant 15 minutes environ. Dégustez sans attendre avec le houmous.

Pain pita
פיתה

POUR 15 PITAS / PRÉPARATION = 30 MIN / REPOS = 2 H / CUISSON = 4 MIN

1 kg de farine

1 sachet de levure de boulanger sèche

2 cuil. à soupe de sucre

50 g d'huile d'olive

600 ml d'eau de source

10 g de sel

TIPS

Le pain pita est l'équivalent de la baguette de pain française, donc il se mange avec à peu près tout ! Il se conserve de 2 à 3 jours.

Dans la cuve d'un robot muni d'un crochet pâtissier, mélangez la farine et la levure. Ajoutez le sucre, l'huile et l'eau de source. Pétrissez à vitesse lente pendant 12 minutes environ, jusqu'à l'obtention d'une pâte homogène.

Couvrez la pâte d'un torchon et laissez reposer à température ambiante pendant 1 heure et 30 minutes environ. La pâte doit doubler de volume.

Dégazez la pâte à l'aide de votre poing afin d'en retirer l'air.

Formez 15 boules de pâte d'environ 120 g chacune. Déposez-les sur une plaque recouverte de papier cuisson et laissez reposer environ 30 minutes à température ambiante.

Préchauffez le four ainsi qu'une plaque de cuisson à 250 °C (th. 8/9) en mode chaleur statique vers le bas. Farinez légèrement le plan de travail et aplatissez chaque boule à l'aide d'un rouleau à pâtisserie afin de former des ronds d'environ 15 cm de diamètre.

Recouvrez la plaque préchauffée de papier cuisson et déposez les ronds de pâtes. Enfournez environ 4 minutes, le temps que les pitas soient légèrement dorées.

TON
Is this
coffee
Kosher?

שיש חומוסיה
شيش حومصيه
.chiche
שיש קפה | לוינסקי דלי
The Chiche Club

Sabich
סביח

POUR 4 PERSONNES / PRÉPARATION = 20 MIN / CUISSON = 35 MIN

4 pommes de terre
Huile d'olive
Sel
Poivre
2 aubergines
100 ml d'huile de tournesol
Quelques cuil. à soupe de farine de blé
4 œufs
4 pains pita (voir p. 50)
200 g de houmous (voir p. 44)
200 g de salade Akko (voir p. 24)
100 g de sauce tehina (voir p. 69)
100 g de amba (voir p. 69)
100 g de schug (facultatif, voir p. 66)

Portez à ébullition un grand volume d'eau salée et faites cuire les pommes de terre, sans les éplucher, pendant environ 20 minutes. Préchauffez le four en mode chaleur tournante à 200 °C (th. 6/7). Sur une plaque recouverte de papier sulfurisé, écrasez chaque pomme de terre à l'aide d'un verre ou d'une bouteille (elles doivent faire moins de 0,5 cm d'épaisseur). Arrosez-les généreusement d'huile d'olive, de sel et de poivre et enfournez pour 10 minutes, puis encore pour 5 minutes en mode grill.

Pendant ce temps, coupez les aubergines en tranches de 0,5 cm d'épaisseur. Dans une sauteuse, faites chauffer l'huile de tournesol. Trempez les tranches d'aubergine dans la farine avant de les faire frire dans l'huile. Retirez ensuite l'excédent d'huile à l'aide d'un essuie-tout et salez.

Faites durcir les œufs, puis écalez-les.

Dressage du sandwich

Coupez la pita dans la tranche sur la moitié.

Sur chacune de ses faces intérieures, ajoutez du houmous à l'aide d'une cuillère à soupe.

Ajoutez ensuite 3 tranches d'aubergine, 1 pomme de terre et l'œuf dur coupé en lamelles.

Ajoutez de la salade Akko, de la sauce tehina, de la amba et du schug. Dégustez sans attendre.

שרש

IL S'AGIT SÛREMENT DE LA SPÉCIALITÉ IRAKIENNE LA PLUS CONNUE ! LA LÉGENDE DIT QUE SABICH TZVI HALVI EN A VENDU POUR LA PREMIÈRE FOIS EN ISRAËL AU DÉBUT DES ANNÉES 1960, DANS SON ÉCHOPPE À RAMAT GAN, EN BANLIEUE DE TEL AVIV (QUI EXISTE TOUJOURS, À QUELQUES MÈTRES DE L'EMPLACEMENT ORIGINAL). CE SANDWICH EST INSPIRÉ DES PETITS DÉJEUNERS CONSOMMÉS PAR LES JUIFS IRAKIENS : DE L'AUBERGINE FRITE, DES POMMES DE TERRE, DE L'ŒUF DUR, DU HOUMOUS ET DE LA SALADE, LE TOUT DANS UNE PITA. C'EST 100 % VÉGÉTARIEN ET ABSOLUMENT DIVIN. MON PRÉFÉRÉ À TEL AVIV EST CELUI DE SABICH TCHERNIKHOVSKI, QUI EST UNE ŒUVRE D'ART !

HAN:
FIST

Arayes
עראייס

POUR 4 PERSONNES SOIT 4 DEMI-PITAS / PRÉPARATION = 15 MIN / CUISSON = 48 MIN

1 petit chou-fleur
Huile d'olive
Gros sel
180 g de bœuf haché
1 petit oignon jaune ciselé
Sel
Poivre
2 pains pitas (voir p. 50)

Préchauffez le four à 180 °C (th. 6) en mode chaleur tournante. Retirez les feuilles du chou-fleur et badigeonnez-le d'huile d'olive et de gros sel.

Faites-le cuire pendant 40 minutes environ au four. Une fois refroidie, écrasez la chair, puis mélangez-la avec le bœuf haché et l'oignon. Salez et poivrez généreusement.

Coupez les pitas en deux et garnissez-les avec la préparation. À l'aide d'un pinceau, badigeonnez généreusement les demi-pitas d'huile d'olive. Enfournez-les pendant 8 minutes environ à 200 °C (th. 6/7) en les retournant à mi-cuisson. Dégustez aussitôt !

TIPS

Ajoutez du gras d'agneau à la préparation. Vous pouvez faire cuire les arayes au barbecue.

Falafels
פלאפל

POUR 20 PIÈCES ENVIRON / PRÉPARATION = 15 MIN / TREMPAGE = 1 NUIT / CUISSON = 5 À 7 MIN / RÉFRIGÉRATION = 1 H

250 g de pois chiches secs
½ cuil. à café de bicarbonate
1 oignon jaune
2 gousses d'ail
2 cuil. à soupe de persil ciselé
2 cuil. à soupe de coriandre ciselée
1 cuil. à soupe de cumin en poudre
1 cuil. à café de coriandre moulue
½ cuil. à café de levure chimique
1 cuil. à soupe de farine
Sel
Poivre
Huile végétale pour la friture
Graines de sésame pour enrober

TIPS
Servez avec la holy trinity (voir p. 66) !

La veille, faites tremper les pois chiches dans un grand volume d'eau avec le bicarbonate.

Le jour même, égouttez-les, puis mettez-les dans un hachoir à viande ou, à défaut, dans un robot, avec l'oignon, l'ail, le persil et la coriandre.

Ajoutez ensuite toutes les épices, la levure, la farine et 2 cuillères à soupe d'eau. Salez et poivrez. Mélangez et malaxez jusqu'à obtenir une texture lisse et homogène. Couvrez d'un film alimentaire et laissez reposez au frais au moins 1 heure.

Dans une large sauteuse, faites chauffer l'équivalent de 7 ou 8 cm d'huile. En parallèle, mouillez-vous les mains et formez des petites boulettes d'environ 25/30 g, soit l'équivalent d'une cuillère à soupe. Veillez à bien les serrer dans la paume des mains, afin d'en retirer un maximum de liquide. Il est normal que les boulettes s'effritent un petit peu.

Saupoudrez-les de graines de sésame, puis faites-les frire pendant 5 à 7 minutes. Prenez soin de bien les tourner tout au long de la cuisson. Les falafels doivent être complètement secs à l'intérieur. Absorbez l'excédent d'huile avec du papier essuie-tout et servez bien chaud.

Pastrami challah club
פסטרמה חלה קלאב

POUR 4 SANDWICHS / PRÉPARATION = 20 MIN / REPOS = 1 H / CUISSON = 4 À 5 MIN

1 demi chou rouge
150 ml de vinaigre blanc
150 g de sucre
20 g de sel
60 cl d'eau
8 tranches de challah de 1,5 cm d'épaisseur environ (voir p. 122)
150 g d'aïoli au zaatar (voir p. 65)
2 gros cornichons aigre-doux
500 g de pastrami de bœuf coupé en fines tranches

Coupez le chou rouge en petits dés de 1 cm de côté. Dans une casserole, mélangez le vinaigre blanc, le sucre, le sel ainsi que l'eau, puis portez à ébullition. Retirez du feu et versez la préparation sur le chou rouge. Laissez reposer au moins 1 heure.

Sur chaque tranche de challah, étalez généreusement l'aïoli au zaatar. Passez les cornichons à la mandoline ou émincez-les et disposez-en 1 lamelle par sandwich. Sur l'autre tranche, disposez la préparation au chou rouge, puis déposez 125 g de pastrami en « montagne ». Refermez le sandwich avec l'autre tranche de challah.

Préchauffez le four à 160 °C (th. 5/6) avec une lèchefrite remplie d'eau à l'étage le plus bas. Lorsque le four est chaud, disposez les sandwichs sur une grille à mi-hauteur. Enfournez pour 4 à 5 minutes. À la sortie du four, coupez-les dans la diagonale à l'aide d'un couteau à pain. Servez aussitôt.

שרש

NOUS AVONS CRÉÉ LE PASTRAMI CHALLAH CLUB AVEC MA COMPAGNE PAULINE EN 2019, ET C'EST AUJOURD'HUI LE BESTSELLER DE CHEZ CHICHE ! NOUS CHERCHIONS À FAIRE UN SANDWICH AU PASTRAMI QUI CHANGE DE LA TRADITION DELI ASHKÉNAZE. POUR LE PAIN, NOUS UTILISONS DES TRANCHES DE HALLAH, ET POUR LE COTÉ ORIENTAL, NOUS AVONS DÉVELOPPÉ UN AÏOLI AU ZAATAR.

Les pickles

TIPS

Les pickles se dégustent à l'apéro ou en accompagnement. Ils se conservent environ 1 mois.

Sunny pickles
ירקות כבושים

PRÉPARATION = 10 MIN / CUISSON = 10 MIN / REPOS = 2 JOURS

4 branches de céleri
½ chou-fleur
3 carottes
500 ml de vinaigre blanc
70 g de sucre
70 g de sel
1 cuil. à soupe de curcuma moulu
1 cuil. à soupe de cumin en poudre
1 cuil. à soupe de schug (facultatif, voir p. 66)

Taillez le céleri en morceaux de 2 cm de long environ. Coupez le demi-chou-fleur à la main en morceaux de 2 cm de large environ. Épluchez les carottes et taillez-les en rondelles de 1 cm d'épaisseur environ. Placez tous les légumes dans un grand plat en Pyrex ou une grande casserole.

Dans une autre casserole, portez à ébullition 1 litre d'eau, le vinaigre, le sucre et le sel. Remuez jusqu'à ce que le sel et le sucre soient dissous. Ajoutez ensuite le curcuma, le cumin et le schug, puis remuez bien.

Versez le liquide brûlant sur les légumes et laissez refroidir. Transférez ensuite les légumes dans des bocaux type Le Parfait® en les recouvrant de liquide. Placez ces bocaux au réfrigérateur pendant minimum 2 jours avant de servir.

Pickles de concombres
מלפפון חמוץ

PRÉPARATION = 5 MIN / CUISSON = 10 MIN / REPOS = 3 JOURS

8 petits concombres
1 tête d'ail écrasée
3 piments verts ciselés
1 botte d'aneth
1,5 l d'eau
60 g de sel

Nettoyez les concombres. Placez-les dans des bocaux type Le Parfait® avec l'ail, les piments et les branches d'aneth.

Dans une casserole, portez à ébullition l'eau. Ajoutez le sel et remuez jusqu'à ce qu'il soit complètement dissous.

Versez le liquide chaud sur les concombres et fermez bien les bocaux. Pendant 3 jours, conservez les bocaux à température ambiante, puis transférez-les au réfrigérateur.

Pickles d'oignons rouges
בצל אדום כבוש

PRÉPARATION = 5 MIN / CUISSON = 10 MIN / REPOS = 2 JOURS

3 oignons rouges
1 l d'eau
250 ml de vinaigre blanc
250 g de sucre
35 g de sel

Émincez les oignons. Placez-les dans un grand plat en Pyrex ou une grande casserole.

Dans une autre casserole, portez à ébullition l'eau, le vinaigre, le sucre et le sel. Remuez jusqu'à ce que le sel et le sucre soient dissous.

Versez le liquide chaud sur les oignons et laissez refroidir. Transférez ensuite les oignons dans des bocaux type Le Parfait® en les recouvrant de liquide. Placez ensuite ces bocaux au réfrigérateur pendant un minimum de 2 jours avant de servir.

Aioli zaatar
איולי זעתר

POUR 1 GRAND BOL D'AÏOLI / PRÉPARATION = 15 MIN

4 gousses d'ail
1 jaune d'œuf
20 cl d'huile d'olive
1 cuil. à café de jus de citron
1 cuil. à café de vinaigre blanc
20 g de zaatar
Sel

Pressez les gousses d'ail et ajoutez-les avec le jaune d'œuf et une pincée de sel dans un cul de poule. Versez quelques gouttes d'huile d'olive sur la préparation et remuez à l'aide d'un fouet. Au bout de 1 minute, ajoutez quelques gouttes d'huile supplémentaires. Répétez cette opération jusqu'à ce que la texture soit épaisse et colle au fouet (c'est bon signe !).

Poursuivez alors l'ajout d'huile d'olive de manière plus rapide. Ajoutez ensuite le jus de citron tout en remuant au fouet, puis le vinaigre. Ajoutez finalement le zaatar puis ajustez l'assaisonnement en fonction de vos goûts.

TIPS

La texture de l'aïoli se joue dans les premières minutes. Afin de conserver la bonne texture, il faut ajouter très peu d'huile au départ et remuer énergétiquement afin qu'il ne tranche pas.

Aioli harissa
איולי האריסה

POUR 1 GRAND BOL D'AÏOLI / PRÉPARATION = 15 MIN

Vous pouvez décliner la recette précédente en remplaçant le zaatar par 1 cuillerée à soupe d'harissa. Attention cependant à l'assaisonnement, la harissa étant souvent très salée.

La holy trinity

CES 3 SAUCES OU CONDIMENTS SONT CE QUE J'APPELLE DANS CE LIVRE (ET DANS LA VIE !) LA HOLY TRINITY. JE LES AIME SÉPARÉMENT MAIS JE LES AIME ENCORE PLUS ENSEMBLE. ELLES SONT POUR MOI LES SAVEURS EMBLÉMATIQUES D'ISRAËL, C'EST UN VOYAGE INSTANTANÉ !
JE NE PRÉSENTE PLUS LA SAUCE TEHINA QUI CORRESPOND AU « BEURRE » OU À LA MAYONNAISE DU PROCHE-ORIENT. VOUS POUVEZ AISÉMENT JOUER AVEC SA TEXTURE ET SON GOÛT. IMPORTÉ PAR LES JUIFS YÉMÉNITES, LE SCHUG (PRONONCEZ SROUG), EST AUJOURD'HUI LA SAUCE PIQUANTE LA PLUS RÉPANDUE EN ISRAËL. LA PURÉE DE TOMATES, QUANT À ELLE, EST TOUT BONNEMENT UNE ODE À L'ÉTÉ ET AU SOLEIL.
LA CUISINE ET LES TECHNIQUES DE CUISINE YÉMÉNITE, TRÈS PEU CONNUES EN OCCIDENT, CONSTITUENT À MON SENS UN DES PILIERS DU SUCCÈS DE LA CUISINE ISRAÉLIENNE TELLE QU'ON LA CONNAÎT EN OCCIDENT.

Schug
סחוג

TIPS
Le schug se conserve au frais dans un contenant hermétique 2 semaines environ.

POUR 1 GRAND BOL DE SAUCE / PRÉPARATION = 10 MIN

6 piments verts
3 bottes de coriandre
3 gousses d'ail
Le jus de 1 citron jaune
1 cuil. à café de coriandre moulue
1 cuil. à café de cardamome moulue
50 ml d'huile d'olive
Sel
Poivre

Retirez les pépins des piments et mixez-les, dans un robot, avec les feuilles de coriandre, les gousses d'ail, le jus de citron, la coriandre et la cardamome moulues.

Retirez la préparation du robot et ajoutez ensuite l'huile d'olive. Remuez longuement afin de bien l'incorporer. Ajustez en sel et en poivre. Pour obtenir un condiment plus liquide, rajoutez plus d'huile. Servez dans un bol.

Purée de tomates
רוטב רסק עגבניות

POUR 1 GRAND BOL DE SAUCE / PRÉPARATION = 5 MIN

4 belles tomates bien mûres
1 gousse d'ail
Huile d'olive
Gros sel
Poivre

Coupez les tomates en deux.

À l'aide d'une râpe, râpez-les demi-tomates du côté de la chair jusqu'à la peau, puis la gousse d'ail.

Ajoutez l'huile olive, le gros sel et le poivre. Ajustez les quantités en fonction de vos goûts. Servez dans un bol.

TIPS
L'assaisonnement est primordial dans cette recette. Soyez généreux en gros sel.

TIPS
Vous pouvez rajouter une gousse d'ail pressée lors de la première étape.

Sauce tehina
טחינה

POUR 500 ML DE SAUCE / PRÉPARATION = 5 MIN

- 375 ml d'eau environ
- 8 g de sel environ
- 25 ml de jus de citron
- 200 ml de tehina pure

Dans un cul de poule ou un grand récipient, mélangez l'eau, le sel et le jus de citron.

Ajoutez petit à petit la tehina tout en remuant au fouet, jusqu'à l'obtention d'une pâte lisse sans grumeaux. Disposez un torchon humide sous le récipient afin qu'il ne tourne pas et que vous puissiez utiliser vos deux mains.

En fonction de la texture souhaitée, rajoutez soit de l'eau pour une texture plus liquide, soit de la tehina pour une texture plus épaisse. Servez dans un bol.

La sauce se conserve 2 jours au frais.

TIPS
L'amba se consomme comme un condiment : elle est idéale dans un sabich (voir p. 54).

Amba
עמבה

L'AMBA EST UN CLASSIQUE DE LA CUISINE JUIVE IRAKIENNE. IL S'AGIT D'UNE SAUCE LÉGÈREMENT RELEVÉE FAITE À BASE DE MANGUE FERMENTÉE. ELLE CONSTITUE L'UN DES PRINCIPAUX INGRÉDIENTS DU SABICH (VOIR P. 54). SON ORIGINE REMONTE AU MOYEN ÂGE, EN RAISON DES FORTS LIENS COMMERCIAUX QUI EXISTAIENT ENTRE L'IRAK ET L'INDE. D'AILLEURS, LA PLUS GRANDE COMMUNAUTÉ JUIVE D'INDE SE FAIT APPELER LES BAGHDADI JEWS.

POUR 500 ML DE SAUCE ENVIRON / PRÉPARATION = 45 MIN / CUISSON = 45 MIN

- 1 cuil. à soupe d'ail en poudre
- 1 cuil. à soupe de curcuma moulu
- 2 cuil. à café de fenugrec moulu
- 1 cuil. à soupe de cumin en poudre
- ½ cuil. à café de piment de Cayenne
- 2 cuil. à café de graines de moutarde moulues
- 2 cuil. à café de coriandre moulue
- 3 mangues vertes mûres
- 1 piment rouge, épépiné et coupé en dés
- Le jus de 1 citron jaune
- 125 ml de vinaigre de cidre
- Sel

Mélangez l'ail, le curcuma, le fenugrec, le cumin, le piment de Cayenne, la moutarde et la coriandre. Mélangez 3 cuillères à soupe de ce mélange avec environ 250 ml d'eau tiède. Remuez et laissez reposer tout en remuant de temps en temps. La texture devrait s'épaissir.

Épluchez les mangues et coupez-les autour du noyau en petits cubes. Dans une grande casserole, mettez les cubes de mangue, le piment rouge, le jus du citron, le vinaigre de cidre et 250 ml d'eau.

Laissez cuire jusqu'à ce que les mangues soient complètement ramollies et ajoutez 1 cuillerée à soupe de sel avant la fin de la cuisson. Sortez du feu et ajoutez les deux préparations aux épices. Émulsionnez soit au robot mixeur, soit à l'aide d'un mixeur plongeant.

Conservez 2 à 3 semaines dans un pot stérilisé.

Knaffeh
כנאפה

POUR 6 PERSONNES / PRÉPARATION = 25 MIN / CUISSON = 30 MIN

160 g de beurre
300 g de pâte à kadaïf
190 g de mozzarella râpée
150 g de ricotta
180 g de sucre en poudre
25 cl d'eau
Le jus et le zeste de 1 gros citron
2 cuil. à soupe d'eau de rose
75 g de pistaches crues

Préchauffez le four à 210 °C (th. 7) en mode chaleur tournante.

Faites fondre le beurre. Pendant ce temps, placez la pâte à kadaïf dans un bol, puis versez le beurre fondu dessus. Veillez à bien le repartir sur l'ensemble de la pâte, chaque vermicelle doit être bien imbibé de beurre.

Placez la moitié de la pâte à kadaïf imbibée de beurre dans le fond d'un plat rond et tassez-la bien à l'aide d'un verre en la faisant remonter sur les bords. Déposez dessus la mozzarella et la ricotta, préalablement mélangées entre elles, puis recouvrez de la pâte à kadaïf restante. Tassez le tout à l'aide d'un verre.

Enfournez pour 30 minutes, jusqu'à ce que la pâte soit bien dorée.

Pendant la cuisson du gâteau, préparez le sirop : versez le sucre, l'eau, le jus et le zeste de citron et l'eau de rose, puis portez l'ensemble à ébullition. Baissez le feu en remuant et laissez mijotez 10 minutes, jusqu'à l'obtention d'une texture sirupeuse.

Dès que le gâteau sort du four, versez dessus le sirop de façon uniforme. Laissez reposer quelques minutes, puis démoulez-le en le retournant sur une assiette.

Hachez grossièrement les pistaches et parsemez-les sur le gâteau avant de servir.

Halva
חלבה

POUR 8 PORTIONS / PRÉPARATION = 15 MIN / CUISSON = 10 MIN / REPOS = 2 H

400 g de sucre blanc
½ gousse de vanille
Le zeste de 1 citron jaune
350 g de tehina pure
1 cuil. à café de sel

Préparez un récipient rectangulaire et découpez deux feuilles de papier sulfurisé de taille légèrement plus grande que le récipient. Recouvrez le fond avec une des feuilles.

Dans une casserole, portez à ébullition 125 ml d'eau, le sucre, la vanille et le zeste de citron. Mélangez jusqu'à ce que le sucre soit complètement dissous. Cessez ensuite de mélanger et laissez le mélange s'épaissir quelques minutes.

Dans un robot, placez la tehina et le sel, puis mixez à allure moyenne. Ajoutez ensuite le sirop de sucre en laissant le robot tourner. Mixez jusqu'à ce que l'intégralité du sirop de sucre soit incorporé et que la préparation se décolle des parois du bol.

À l'aide d'une maryse, transférez rapidement la préparation dans le récipient rectangulaire. Ajoutez la seconde feuille de papier sulfurisé, puis écrasez à la main la préparation afin d'obtenir une couche homogène.

Laissez reposer et refroidir à température ambiante, puis découpez des rectangles de la taille souhaitée. Dégustez !

Lemonana
לימונענע

POUR 3 LITRES / PRÉPARATION = 20 MIN / CUISSON = 5 MIN / RÉFRIGÉRATION = 1 H

25 g de sucre
1 grosse botte de menthe
Eau
250 ml de jus de citron frais

Préparation du sirop de sucre

Dans une casserole, mélangez le sucre et 250 ml d'eau. Portez à ébullition et remuez jusqu'à ce que le sucre soit totalement dissous.

Préparation de la lemonana

Dans un blender, mixez les feuilles de menthe avec 180 ml d'eau pendant 3 minutes environ, puis passez au chinois. Ajoutez le jus de citron.

Complétez avec 2,2 litres d'eau pour obtenir 3 litres de lemonana. Vous pouvez ajuster cette quantité d'eau en fonction de vos goûts pour avoir un résultat plus ou moins sucré. Placez au frais pendant minimum 1 heure avant de déguster !

TIPS
La lemonana se conserve 4 jours au réfrigérateur.

Malabi
מלבי

POUR 5 PERSONNES / PRÉPARATION = 10 MIN / CUISSON = 10 MIN / RÉFRIGÉRATION = 30 MIN

500 ml de lait entier
40 g de fécule de maïs
50 g de sucre
150 ml de crème liquide
20 g d'eau de fleur d'oranger ou d'eau de rose

Mélangez le lait et la fécule de maïs. Dans une grande casserole, mélangez le sucre et la crème, puis portez à ébullition. Réduisez à feu doux, puis ajoutez le mélange lait-fécule de maïs.

Augmentez le feu à moyen tout en mélangeant à l'aide d'un fouet. Il ne faut jamais s'arrêter de remuer pour que la préparation ne fige pas. Ajoutez la fleur d'oranger ou l'eau de rose tout en remuant.

Une fois que la préparation a bien épaissi, transvasez-la dans des ramequins individuels et laissez reposer pendant 30 minutes avant de mettre au réfrigérateur. À déguster bien frais !

TIPS
À servir avec du sirop de grenade, de la noix de coco râpée ou encore des pistaches !

Frappé à la pastèque
שייק אבטיח

(AVEC OU SANS ALCOOL)

POUR 6 PERSONNES / PRÉPARATION = 5 MIN

1 pastèque
2 verres de glaçons
Le jus de 1 citron vert
1 bouquet de basilic
300 ml de vodka (facultatif)

Videz la pastèque, coupez des cubes dans la chair et enlevez les pépins.

Placez les cubes de pastèque, les glaçons, le jus du citron et les feuilles de basilic dans un blender, puis mixez le tout durant 1 minute environ.

En option : ajoutez la vodka et mélangez. Servez bien frais !

Tous les jours à la maison

יום יום בבית

Tous les jours à la maison

Assiettes de ptitim.

Ce chapitre recense quelques-unes des recettes traditionnelles de la vie de tous les jours des foyers israéliens. Ce sont des recettes plutôt simples, rapides, peu onéreuses et qui plaisent aux enfants ! Parmi celles-ci, celles qui me parlent plus sont indéniablement les ptitim (p. 86) et le schnitzel (p. 89).

Les ptitim sont ces petites billes à base de blé qui ressemblent un petit peu aux fregola sarda italiennes. Ils ont été inventés par la société agroalimentaire OSEM au début des années 1950. En pleine période d'austérité, David Ben Gourion, alors premier ministre, demande à OSEM de développer un produit peu coûteux à base de blé, pour remplacer le riz, qui coûte trop cher à produire. Depuis,

les ptitim (littéralement « petites miettes », appelés aussi « riz de Ben Gourion », sont devenus un aliment de base dans les foyers israéliens.

Ils sont faciles à cuisiner, se déclinent de mille façons, de la même manière que les pâtes. À titre personnel, je les adore, et en mange encore très souvent.

L'autre plat fétiche des Israéliens est le schnitzel, ils en sont littéralement fous ! Il a été apporté au début du XXe siècle par les Juifs arrivant d'Allemagne et d'Autriche, et est toujours aussi populaire. Il est

Table des enfants avec mes cousins Shahaf et Gal, ma soeur Oriane et moi - fin des années 1990, Nahariya.

souvent préparé à base de poulet ou de dinde, et chacun y va de ses épices pour la panure. On le retrouve en assiette, en pita, et même parfois en baguette ! C'est également un incontournable des déjeuners des écoliers.

Ces deux plats vont également à merveille ensemble. Mon père nous les cuisinait très souvent avec une salade le dimanche midi.

J'ai aussi inclus dans ce chapitre un mélange de recettes de mon enfance, comme les choux farcis (p. 94), le shawarma de poulet (p. 90), le riz oignon-cardamome (p. 105), mais également des classiques de chez Chiche comme le madjadra (p. 93) ou encore le stew yéménite (p. 106) que j'affectionne tout particulièrement !

Labneh
לאבנה

POUR 5 PERSONNES / PRÉPARATION = 5 MIN / RÉFRIGÉRATION = 48 H

1 l de yaourt au lait de vache entier
1 cuil. à café de sel
Zaatar et huile d'olive pour la garniture

Munissez-vous d'un morceau de mousseline ou d'un tissu très fin et étalez-le au fond d'un saladier.

Dans un autre saladier, mélangez le yaourt et le sel, puis versez-le sur le tissu. Rassemblez les bords du tissu, puis faites un nœud.

Suspendez la préparation au réfrigérateur au-dessus d'un récipient pendant 48 heures environ. Il faut que le yaourt perde son petit lait et s'épaississe. Veillez bien à ce que le paquet ne trempe pas dans le récipient. Servez bien frais avec de l'huile d'olive et du zaatar.

Market salad
סלט שוק ירוק

POUR 4 PERSONNES EN ACCOMPAGNEMENT / PRÉPARATION = 10 MIN

1 botte de menthe
1 botte de persil
1 botte d'aneth
2 sucrines
1 oignon rouge
100 g d'amandes effilées
5 cuil. à soupe d'huile olive
1 cuil. à soupe de vinaigre de Xérès
Sel
Poivre

Retirez les feuilles de menthe une par une. Il ne doit pas rester de tiges. Faites de même avec le persil et l'aneth, même si vous pouvez laisser quelques tiges.

Coupez les sucrines en rondelles. Coupez l'oignon rouge en fine lamelles à l'aide d'une mandoline si possible.

Dans un grand saladier, mélangez les herbes, les sucrines et les amandes. Ajoutez ensuite l'huile d'olive, le vinaigre, le sel et le poivre, puis mélangez à nouveau. À déguster seule ou bien en accompagnement !

TIPS
Vous pouvez remplacer l'aneth par de la coriandre !

REHOV

Arouk
ערוק

POUR 24 GALETTES ENVIRON / PRÉPARATION = 15 MIN / CUISSON = 1 H 15 / RÉFRIGÉRATION = 30 MIN (FACULTATIF)

3 pommes de terre de taille moyenne (bintje ou adria de préférence)

1 gros oignon jaune

2 œufs battus

2 cuil. à soupe de farine

25 g d'oignons nouveaux hachés finement

30 g de persil plat haché finement

30 g de coriandre hachée finement

1 cuil. à café de cumin en poudre

1 cuil. à café de paprika doux

1,5 cuil. à café de baharat

Sel

Poivre

Huile végétale pour la cuisson

Préchauffez le four à 175 °C (th. 5-6) en mode chaleur tournante. Faites cuire les pommes de terre avec leur peau sur une plaque recouverte de papier cuisson pendant 1 heure environ, jusqu'à ce qu'elles soient tendres. Vérifiez la cuisson à l'aide d'un couteau. Laissez refroidir.

Écrasez la chair des pommes de terre à l'aide d'un presse-purée ou d'une fourchette. Râpez l'oignon, puis incorporez-le à la purée de pomme de terre. Ajoutez ensuite les œufs, la farine, les oignons nouveaux, le persil, la coriandre, le cumin, le paprika, le baharat, du sel et du poivre, puis mélangez jusqu'à obtenir une texture homogène. Si vous avez le temps, laissez reposer la préparation au frais pendant 30 minutes.

Dans une grande sauteuse, faites chauffer à feu moyen environ 1 cm d'huile végétale. Graissez-vous les mains et formez des petits palets d'environ 6 cm de diamètre et 1,5 cm d'épaisseur.

Faites-les frire dans l'huile pendant environ 3 minutes de chaque côté, jusqu'à ce qu'ils soient bien dorés et croustillants. Épongez sur du papier absorbant. Servez froid ou chaud !

Ptitim
פתיתים

POUR 4 PERSONNES / PRÉPARATION = 5 MIN / CUISSON = 20 MIN / REPOS = 5 MIN

1 gros oignon jaune
3 cuil. à soupe d'huile d'olive
500 g de ptitim ou couscous perlé
1 cuil. à soupe de concentré de tomates
1 cuil. à café de paprika doux
Sel
Poivre
600 ml d'eau
1 cube de bouillon de volaille

Épluchez et émincez l'oignon, puis faites chauffer l'huile dans une sauteuse. Ajoutez l'oignon et laissez-le dorer à feu moyen pendant 5 minutes environ.

Ajoutez les ptitim, le concentré de tomates, le paprika, du poivre et un peu de sel (le bouillon de volaille est généralement assez salé). Remuez bien pendant 2 à 3 minutes.

Ajoutez l'eau, le cube de bouillon de volaille, remuez, couvrez, réduisez le feu et laissez cuire 8 minutes environ. Goûtez ensuite pour vérifier la cuisson. Si ce n'est pas assez cuit, rajoutez 1 ou 2 cuillerées à soupe d'eau et laissez cuire 1 ou 2 minutes supplémentaires.

Coupez le feu, remuez et laissez reposer 5 minutes avant de servir.

Schnitzel
שניצל

POUR 4 PERSONNES / PRÉPARATION = 10 MIN / CUISSON = 10 MIN / RÉFRIGÉRATION = 30 MIN (FACULTATIF)

4 escalopes de poulet
Sel
Farine de blé
Huile de tournesol

Pour le mélange d'œuf
3 œufs
1 cuil. à café de paprika doux
1 cuil. à café de sucre
1 cuil. à café de sel
1 cuil. à café de poivre

Pour la chapelure
Chapelure de type panko
Chapelure de pain traditionnelle
Graines de sésame
Sel

1 citron

Si les escalopes sont épaisses, coupez-les en deux dans la tranche. Vous pouvez également les affiner davantage à l'aide d'un marteau à viande. Séchez-les à l'aide d'essuie-tout et salez-les des deux côtés.

Préparez le mélange d'œuf en mélangeant à l'aide d'une fourchette tous les ingrédients dans une assiette creuse.

Préparez la chapelure en mélangeant tous les ingrédients dans une grande assiette. Je ne donne pas de quantités précises car elles dépendent de la taille des escalopes. Comptez cependant la même quantité de chapelure traditionnelle que de panko.

Plongez les escalopes dans la farine, puis dans le mélange d'œuf. Égouttez-les bien. Trempez-les ensuite de chaque côté dans la chapelure. N'hésitez pas à rabattre de la chapelure sur l'escalope. Laissez reposer 30 minutes au réfrigérateur (facultatif).

Dans une grande poêle ou une sauteuse, faites chauffer une bonne quantité d'huile de tournesol (entre 3 et 4 cm de hauteur). Faites ensuite frire les escalopes quelques minutes de chaque côté. La panure doit être dorée, croustillante mais pas brûlée.

Avant de servir, pressez un filet de jus de citron sur le schnitzel et dégustez, aussi bien dans une assiette que dans un pain pita.

TIPS

Pour une friture idéale, la température de l'huile doit se trouver entre 165 et 170 °C (th. 5/6). Vous pouvez vous procurer un thermomètre de cuisine, c'est un tout petit investissement qui peut être très utile !

Shawarma de parguit
פרגיות שווארמה

POUR 4 PERSONNES / PRÉPARATION = 15 MIN / RÉFRIGÉRATION = 4 H À 24 H / CUISSON = 20 À 30 MIN

20 g de curcuma frais
10 gousses d'ail
1 oignon jaune
70 ml de jus de citron
100 ml d'huile d'olive
1 botte de persil
1 piment rouge
Sel
Poivre
2 oignons rouges
4 cuisses de poulet désossées
2 brins de thym
1 bâton de cannelle
1 cuil. à soupe de cumin en poudre

Dans un robot ménager, mixez le curcuma, l'ail, l'oignon jaune, le jus de citron, l'huile d'olive, le persil et le piment, du sel et du poivre jusqu'à obtenir un mélange homogène. N'hésitez pas à rajouter 1 ou 2 cuillerées à soupe d'eau si le mélange est trop épais. Pelez les oignons rouges et coupez-les en fines tranches.

Dans un sac congélation, mettez les cuisses de poulet, la marinade, les oignons rouges, le thym, la cannelle et le cumin. Mélangez bien et laissez reposer au réfrigérateur au minimum 4 heures, idéalement 24 heures.

Préchauffez le four à 200 °C (th. 6/7). Placez les cuisses de poulet avec la marinade dans un grand plat et faites-les cuire pendant 20 minutes, en les retournant à mi-cuisson. Vous pouvez rajouter 5 à 10 minutes de cuisson en mode grill en mettant les cuisses avec la peau vers le haut afin de la griller.

Coupez le poulet en fines lamelles avant de servir avec une salade d'herbes et de la tehina.

TIPS

Ce shawarma de poulet se marie à merveille avec la market salad (voir recette p. 82).

Si vous avez un barbecue, je vous conseille de cuire les cuisses environ 5 minutes de chaque côté ! Les arômes de la marinade ressortiront encore plus !

MIZI
Fruit Soup
CONCENTRATED

Madjadra
מג'דרה

POUR 4 PERSONNES / PRÉPARATION = 15 MIN / CUISSON = 30 MIN

250 g de riz blanc
250 g de lentilles vertes
3 oignons jaunes
90 ml d'huile d'olive
15 g de cumin en poudre
Sel
Poivre noir

Cuisson du riz

Dans une casserole, portez à ébullition une grande quantité d'eau salée. Ajoutez le riz, réduisez à feu moyen et laissez cuire pendant 15 minutes.

Bien égouttez et réservez.

Cuisson des lentilles

Dans une seconde casserole, versez les lentilles, recouvrez-les d'un gros volume d'eau et laissez cuire environ 13 minutes.

Bien égouttez et réservez.

Préparation des oignons

Coupez les oignons en fines lamelles. Faites chauffer environ 3 cuillerées à soupe d'huile d'olive à feu vif dans une poêle. Baissez le feu sur moyen et ajoutez un tiers des oignons tranchés (réservez les deux autres tiers). Faites-les frire environ 6 minutes en remuant de temps en temps, jusqu'à ce qu'ils prennent une belle couleur dorée et deviennent croustillants.

Préparation du madjadra

Faites chauffer à feu moyen environ 3 cuillerées à soupe d'huile d'olive dans une casserole. Ajoutez les deux autres tiers d'oignons restants, faites-les suer et laissez-les cuire en remuant fréquemment, jusqu'à l'obtention d'une coloration brune. Ajoutez le cumin et le sel, remuez et laissez cuire pendant 5 minutes environ.

Ajoutez les lentilles cuites et mélangez la préparation. Laissez cuire pendant deux minutes, puis éteignez le feu. Ajoutez le riz et le poivre noir, puis mélangez de nouveau. Pour finir, intégrez la moitié des oignons frits et remuez délicatement. Dressez dans un plat et garnissez du reste d'oignons frits. Dégustez aussitôt.

Chou farci végétarien
כרוב ממולא

POUR 4 PERSONNES / PRÉPARATION = 45 MIN / CUISSON = 1 H 10

1 oignon jaune
4 gousses d'ail
2 tomates
1 tige de céleri
2 bottes de coriandre
1 demi-botte de menthe
1 demi-botte d'aneth
Le zeste de 1 citron jaune
3 cuil. à soupe de sirop de datte
Sel
2 cuil. à soupe de baharat
4 cuil. à soupe de concentré de tomates
200 g de riz rond
Poivre
Huile olive
2 cuil. à soupe de paprika doux

TIPS
Je vous conseille de saler et de poivrer généreusement la préparation à base de riz.

Positionnez le chou sur le côté et coupez les 4 côtés de manière à transformer le chou rond en cube. Vous devez obtenir des carrés de feuille de chou de taille identique. Portez un grand volume d'eau salé à ébullition, puis blanchissez les feuilles de chou pendant 5 minutes en remuant bien. Rincez-les à l'eau froide.

Pendant ce temps, préparez la farce. Placez dans la cuve d'un robot l'oignon, les gousses d'ail, les tomates, le céleri et les herbes. Mixez le tout, puis transvasez dans un bol. Ajoutez ensuite le zeste de citron, le sirop de datte, 2 grosses cuillerées à soupe de sel, le baharat, 2 cuillerées à soupe de concentré de tomates, le riz et le poivre, puis mélangez à l'aide d'une spatule en bois.

Disposez sur un carré de chou l'équivalent de 1 cuillerée à soupe de farce en la plaçant comme un petit boudin sur la partie basse du carré. Rabattez les extrémités, puis roulez la feuille de chou sur elle-même, comme un nem. Il faut que le roulé soit au maximum hermétique. Répétez cette opération jusqu'à épuisement du chou et de la farce.

Huilez le fond d'une sauteuse, puis disposez les roulés les uns à côté des autres à la manière d'un escargot, en commençant par les extrémités. Veillez à coller de manière compacte chaque roulé. Utilisez l'intégralité de la surface de la sauteuse.

Dans un récipient, ajoutez 500 ml d'eau, le paprika, le reste de concentré de tomates et un filet d'huile d'olive. Salez et poivrez abondamment. Recouvrez les choux farcis avec cette préparation et portez à ébullition. Lorsque le liquide bout, couvrez et réduisez le feu à doux. Laissez cuire pendant 1 heure environ.

Au bout de 45 minutes, s'il reste encore du liquide dans la sauteuse, retirez le couvercle jusqu'à la fin de la cuisson. Les choux farcis se mangent aussi bien chauds que froids.

Boulettes de poisson (ktsitsot)
קציצות דגים

POUR 4 PERSONNES / PRÉPARATION = 20 MIN / CUISSON = 10 MIN

½ botte de coriandre
½ botte de persil
6 gousses d'ail
500 g de chair de poisson blanc
3 tranches de pain de mie humides
1 œuf fermier
1 cuil. à soupe de paprika doux
1 cuil. à café de paprika fort
1 cuil. à café de curcuma moulu
Sel
Poivre blanc
3 cuil. à soupe d'huile de tournesol

Dans un blender, mixez la coriandre, le persil et les gousses d'ail. Ajoutez progressivement le poisson et le pain de mie humidifié, puis mixez par à-coups à l'aide du mode pulse. Attention à ne pas réduire le poisson en bouillie !

Une fois la préparation mixée, ajoutez l'œuf, les épices, une généreuse pincée de sel et de poivre. Formez ensuite des petits palets de 4 cm de diamètre environ, en veillant à bien compacter la farce à la main.

Faites chauffer l'huile dans une poêle, puis faites frire les ktsitsot pendant environ 5 minutes de chaque côté. Pensez à retirer l'excédent d'huile à l'aide d'un essuie-tout. Dégustez sans attendre.

Ratatouille et tehina
רטטוי וטחינה

POUR 4 PERSONNES / PRÉPARATION = 25 MIN / REPOS = 30 MIN / CUISSON = 1 H 20

Pour la ratatouille
3 aubergines
3 courgettes
3 poivrons
2 oignons jaunes
2 oignons rouges
1 tête d'ail
500 g de tomates cerises
1 branche de thym
800 g de pulpe de tomates en conserve
1 cuil. à soupe de sucre
Huile d'olive
Sel
Poivre

Pour la sauce pimentée
1 piment vert fort
5 cuil. à soupe d'huile d'olive

Pour le service
Sauce tehina (voir p. 69)

TIPS
À déguster avec des œufs durs coupés en lamelles.

Coupez les aubergines et les courgettes en cubes de 3 à 4 cm de côté, puis faites-les tremper dans un grand volume d'eau salée pendant 30 minutes. Rincez et épongez.

Préchauffez le four à 180 °C (th. 6) en mode chaleur tournante. Videz les poivrons et coupez-les en cubes de 3 à 4 cm de côté. Épluchez puis coupez les oignons en lamelles et séparez les gousses d'ail de la tête.

Disposez l'ensemble des légumes, les oignons, les gousses d'ail (avec la peau) et la branche de thym sur une lèchefrite recouverte de papier sulfurisé. Arrosez très généreusement d'huile d'olive et d'une grosse pincée de sel et de poivre.

Mélangez le tout et enfournez pour environ 45 minutes, jusqu'à ce que les légumes soient bien caramélisés. À la sortie du four, séparez les légumes des gousses d'ail. Retirez la peau des gousses d'ail et écrasez-les.

Faites chauffer un filet d'huile d'olive dans une marmite, ajoutez la pulpe de tomates, le sucre, 1 pincée de sel et de poivre et les gousses d'ail écrasées, puis laissez mijoter à feu doux environ 10 minutes.

Ajoutez ensuite les légumes cuits au four avec le jus de cuisson et laissez mijoter le tout à feux doux 20 minutes, jusqu'à ce que la préparation soit caramélisée et qu'une fine couche d'huile d'olive soit visible sur le dessus.

Pendant ce temps, coupez le piment en cubes de 5 mm de côté et mélangez-le avec l'huile d'olive. Réservez.

Préparez la sauce tehina (voir recette p. 69). Dressez la ratatouille dans une assiette avec la sauce tehina et la sauce pimentée. Servez aussitôt !

CETTE RECETTE EST LARGEMENT INSPIRÉE DE LA RATATOUILLE SERVIE AU RESTAURANT PORT SA'ID DU CHEF EYAL SHANI À TEL AVIV. IL S'AGIT D'UN DE MES ENDROITS PRÉFÉRÉS DE LA VILLE, ON Y RESSENT TOUT DE SUITE CETTE ÉNERGIE SI SINGULIÈRE ET PROPRE À TEL AVIV.

שרש

TIPPERS * HAVE BETTER SEX
chiche
Labneh
Patate douce
Borekas
Feuilleté fromage et épinards
EXTRAS
Oeuf dur 1.50
Pignons de pin 1.50
Feta 2.00
Zchug 1.00
Pickles d'oignons 1.00
Malabi
DESSERTS
noix de coco 5.00
Gâteaux du jour
Voir vitrine
SACRÉ SOUND
FESTIVAL

החומוס הכי טעים בעיר
Chiche
BREAKFAST, LUNCH
& DINNER FROM TEL AVIV
29B RUE DU CHATEAU D'EAU - PARIS 10
Call us!
01.42.00.96.14

Patate douce
בטטה

POUR 4 PORTIONS EN ACCOMPAGNEMENT / PRÉPARATION = 5 MIN / REPOS = 30 MIN / CUISSON = 45 MIN

2 patates douces de taille moyenne
1 kg de gros sel

Préchauffez le four à 220 °C (th. 7/8). Sur une plaque, disposez les deux patates douces et recouvrez-les avec le gros sel. Tassez bien le sel pour former une croûte.

Enfournez pour 40 minutes environ.

Cassez la croute de sel, puis coupez les patates douces en deux. À déguster avec de l'aïoli (voir recette p. 65), du gros sel et du persil.

TIPS

C'est probablement la recette la plus simple de ce livre, mais elle n'en est pas moins délicieuse ! Vous pouvez adapter l'aïoli à votre goût, par exemple en remplaçant l'assaisonnement par du curcuma.

Riz aux oignons et cardamome
אורז עם בצל והל

POUR 4 PERSONNES / PRÉPARATION = 10 MIN / CUISSON = 45 MIN / REPOS = 10 MIN

Huile d'olive
2 gros oignons jaunes émincés
300 g de riz basmati
10 gousses de cardamome écrasées
½ cuil. à café de clou de girofle
2 bâtons de cannelle
Sel
Poivre
25 g de raisins secs
½ bouquet de coriandre
½ bouquet de persil

Dans une grande sauteuse, faites chauffer une bonne dose d'huile d'olive. Mettez-y les oignons et faites-les frire pendant 15 minutes environ, en remuant de temps en temps, jusqu'à ce qu'ils soient bien dorés.

Ajoutez dans la sauteuse le riz, la cardamome, le clou de girofle, la cannelle, 1 cuillerée à café de sel, du poivre, et les raisins. Remuez-bien et ajoutez 50 cl d'eau bouillante. Couvrez et laissez cuire à feu très doux pendant 30 minutes environ.

Retirez ensuite du feu et insérez un torchon propre entre la sauteuse et le couvercle, puis laissez reposer 10 minutes environ.

Ciselez la coriandre et le persil et mélangez-les au riz. Ajustez en sel et en poivre selon vos goûts. Servez bien chaud.

Stew yéménite
נזיד תימני

POUR 4 PERSONNES / PRÉPARATION = 10 MIN / CUISSON = 1 H 20

Pour la soupe

1 oignon jaune

1 carotte

Huile d'olive

3 gousses d'ail

300 g de lentilles vertes

1,8 l d'eau

25 g de ras el-hanout

1 pincée de piment de Cayenne

15 g de paprika doux

15 g de cumin en poudre

10 g de gingembre en poudre

Pour la garniture

25 g d'oignon rouge en brunoise

1 piment vert en brunoise

1 cuil. à soupe de sauce tehina (voir recette p. 69)

1 poignée de persil plat haché

Découpez l'oignon et la carotte en brunoise (environ 2 mm). Faites chauffer l'huile d'olive à feu moyen dans une casserole, puis ajoutez l'oignon. Une fois celui-ci translucide, ajoutez la carotte, puis laissez cuire 5 minutes environ.

Pressez l'ail et ajoutez-le dans la casserole avec les lentilles, puis remuez. Ajoutez l'eau ainsi que toutes les épices. Mélangez.

Couvrez et laissez mijoter 1 heure 30 environ à feu moyen en remuant tous les quarts d'heure.

Servez dans une assiette creuse, puis ajoutez sur le dessus l'oignon rouge, le piment vert, la sauce tehina et le persil plat. Dégustez aussitôt.

TIPS

Vous pouvez ajouter également un œuf mollet !

Cuisses de poulet et pommes de terre au sirop de datte
כרעי עוף תפוחי אדמה ותמר

POUR 4 PERSONNES / PRÉPARATION = 15 MIN / CUISSON = 1 H

2 gros oignons jaunes
12 pommes de terre à chair ferme
4 cuisses de poulet fermier
80 g de mélasse ou sirop de datte
Sel
Poivre
Huile d'olive

Préchauffez le four à 180 °C (th. 6). Coupez les oignons en quartiers. Faites de même avec les pommes de terre dans le sens de la longueur.

Disposez les oignons, les pommes de terre et les cuisses de poulet dans un large plat en Pyrex. Arrosez le tout du sirop de datte, salez, poivrez, ajoutez un filet d'huile d'olive et mélangez.

Recouvrez le plat de papier d'aluminium et enfournez pour 40 minutes. Retirez ensuite le papier d'aluminium, augmentez la température du four à 200 °C (th. 6/7) et enfournez pour 20 minutes supplémentaires. Dégustez sans attendre.

TIPS

Servez avec la market salad ! (voir p. 82)

Salade orange et cannelle
סלט תפוזים וקינמון

POUR 4 PERSONNES / PRÉPARATION = 10 MIN

4 oranges
3 cuil. à soupe d'eau de fleur d'oranger
2 cuil. à soupe de sucre
1 botte de menthe
1 cuil. à café de cannelle moulue

Pelez les oranges et coupez-les en fins quartiers. Enlevez tous les pépins.

Dans un bol, mélangez l'eau de fleur d'oranger et le sucre jusqu'à ce que celui-ci soit complétement dissous.

Ciselez la menthe. Dans un saladier, mélangez les oranges, l'eau de fleur d'oranger sucrée, la menthe et saupoudrez de cannelle. Dégustez aussitôt !

TIPS
Vous pouvez également ajouter des amandes effilées ou des raisins secs.

Smashed vanille tehina ice cream

גלידת טחינה וניל

POUR 6 PERSONNES / PRÉPARATION = 10 MIN / CUISSON = 5 MIN

200 g de chocolat noir

1 cuil. à soupe d'huile d'olive

1 l de glace à la vanille

250 ml de tehina pure

250 g d'halva (voir recette p. 73)

Sel de Guérande

1 cuil. à soupe de graines de sésame

Faites fondre le chocolat avec l'huile d'olive au bain-marie.

Versez la glace à la vanille dans un plat à gratin. À l'aide d'une spatule, étalez-la dans le fond du plat de façon uniforme. Dispersez dessus la tehina à l'aide d'une cuillère à soupe en formant des filets, puis faites de même avec le chocolat fondu.

Émiettez façon crumble la halva sur la préparation. Ajoutez 2 pincées de sel de Guérande et les graines de sésame.

Dégustez immédiatement ou placez au congélateur.

Rifa
עוגיות ריפה

POUR UNE TRENTAINE DE GÂTEAUX / PRÉPARATION = 15 MIN / CUISSON = 15 MIN / REPOS = 30 MIN

330 g de farine de blé
10 g de levure chimique
70 g de sucre
1 cuil. à soupe de graines de fenouil
1 œuf
80 ml d'huile de colza
80 ml de jus d'orange pressé

Dans un grand bol, mélangez la farine, la levure chimique, le sucre et les graines de fenouil. Formez un puits au milieu.

Dans un autre bol, mélangez l'œuf, l'huile de colza et le jus d'orange, jusqu'à obtenir un mélange uniforme. Ajoutez ce mélange dans le puits du premier bol et mélangez d'abord à l'aide d'une spatule en bois. Lorsque la pâte devient collante, continuez avec vos mains. Couvrez et laissez reposer 30 minutes à température ambiante.

Divisez la pâte en deux parts égales. Sur un plan de travail fariné, étalez la pâte à l'aide d'un rouleau à pâtisserie jusqu'à ce qu'elle fasse environ 3 à 4 mm d'épaisseur. Puis, avec une roulette à pizza ou à ravioli, découpez des carrés ou des rectangles (en fonction de vos goûts). Faites ensuite des petits trous sur le dessus à l'aide d'un cure-dent ou d'une fourchette.

Enfournez à 170 °C (th. 5/6) pour 12 à 15 minutes, jusqu'à ce que les rifas soient bien dorés. Laissez refroidir avant de déguster.

Sablés miel et tehina

עוגיות דבש וטחינה

POUR 20 PIÈCES ENVIRON / PRÉPARATION = 20 MIN / CUISSON = 10 MIN

150 g de farine
75 g de beurre mou
50 g de sucre
1 pincée de sel
1 cuil. à café de bicarbonate
1 cuil. à café de cardamome en poudre
100 g de tehina pure
25 g de miel
Zeste de ½ citron
20 amandes pour décorer

Préchauffez le four à 170 °C (th. 5/6). À l'aide d'un robot pâtissier, mélangez la farine, le beurre et le sucre afin de former une pâte sablée. Ajoutez ensuite le sel, le bicarbonate et la cardamome, puis mélangez. Ajoutez le reste des ingrédients, puis mélangez de nouveau.

Beurrez un moule à muffins et remplissez chaque cavité avec la préparation environ aux deux tiers. (Vous pouvez aussi utiliser un emporte-pièces ou un verre.) Enfoncez une amande au milieu de chaque sablé. Enfournez pour 10 minutes. Laissez refroidir avant de démouler et déguster !

Shabbat et repas de fêtes

ארוחות שבת וחגים

Shabbat et repas de fêtes

Ce dernier chapitre est peut-être le plus important de ce livre car il touche aux traditions. Même s'il existe un socle commun de traditions, lié aux diverses origines, chaque famille juive qui célèbre le Shabbat et les principales fêtes le fait à sa façon, et c'est aussi pour ça que les recettes de ce chapitre sont personnelles et familiales.

Tout le monde sait que les recettes de sa grand-mère ou de sa mère sont les meilleures !

Les recettes de ce chapitre différeront sûrement de celles que vous avez l'habitude de faire, et c'est tant mieux ainsi ! Et, si ces recettes sont nouvelles pour vous, je suis fier que vous goûtiez en premier celles de ma famille.

Bar-mitsva de Baroukh, frère aîné de mon père, en 1968, quelques uns de ses frères et soeurs, oncles, tantes et cousins !

La nourriture est fondamentale dans la culture juive. Le Shabbat est articulé autour de deux grands repas : le dîner du vendredi soir et le déjeuner du samedi midi, durant lesquels des prières sont dites. Lors des fêtes de Rosh ha-Shana (le Nouvel An) ou encore de Pessah (la Pâques juive), les familles se retrouvent pour le dîner dit du « Seder ». Il s'agit d'un rituel codé et symbolique, où divers aliments sont consommés dans un certain ordre, dans le but de se remémorer le passé. Aussi, lors de jeûnes, comme celui de Yom Kippour, le repas d'avant jeûne et celui pour « casser » le jeûne sont aussi remplis de rituels et de coutumes. Idem, pour la fête de Hanouka (fête des Lumières) ou l'on a l'habitude de manger des beignets. Bref, vous l'aurez compris, nous mangeons beaucoup !

Comme expliqué en introduction de ce livre, la cuisine du Shabbat et des fêtes est façonnée par les règles du judaïsme. Au-delà des règles de la kasherout, qui s'appliquent au quotidien, il y a des règles supplémentaires propres au Shabbat et aux fêtes, par exemple le fait de ne pouvoir utiliser ni flamme ni électricité. Il est donc interdit de cuisiner pendant le Shabbat, et c'est pourquoi tous les plats consommés sont soit froids, soit longuement mijotés. Ils sont très souvent préparés le vendredi, et passent la nuit sur une plaque chauffante.

De manière générale, les dîners de fête et du vendredi soir commencent par une multitude de salades qu'on se fait passer les uns les autres et que l'on mange avec de la hallah. Ensuite, il est coutume de manger du poisson et/ou de la viande, qui aura donc mijoté. Ce sont des repas copieux et qui durent longtemps, et où en toute sincérité, tout le monde est déjà rassasié après les salades !

J'ai voulu intégrer dans ce chapitre les recettes qui ont rythmé mes Shabbats, en France comme en Israël. J'ai également choisi de mettre en avant des recettes typiques des Juifs d'Irak, qui ont bercé mon enfance et qui sont totalement méconnues ici en France, comme les kubbeh (p. 126-131).

Mon père Elie avec ses parents, le jour de sa Bar-mitsva, mai 1972, Nahariya.

Ma grand-mère qui cuisine avec une amie dans une salle des fêtes à Nahariya, dans les années 1970.

Challah
חלה

POUR 2 PETITES CHALLAHS / PRÉPARATION = 1 H / REPOS = 1 H 30 MIN / CUISSON = 50 MIN

195 ml d'eau de source tiède
50 ml d'huile de tournesol
2 œufs
10 g de sel
40 g de sucre
500 g de farine
10 g de levure fraîche
3 cuil. à soupe de graines de sésame

Ajoutez dans l'ordre l'eau tiède, l'huile de tournesol, 1 œuf, le sel, le sucre et la farine dans la cuve d'un robot ou dans un grand saladier. Mélangez 30 secondes à vitesse lente à l'aide d'un crochet pâtissier ou environ 1 minute à la main.

Ajoutez la levure émiettée sur la préparation et mélangez de nouveau toujours à vitesse lente environ 15 minutes avec un robot ou 25 minutes à la main. Vous devez obtenir une pâte lisse et homogène.

Farinez légèrement le plan de travail, déposez-y la pâte et rabattez les rebords vers la partie inférieure de la pâte afin d'incorporer de l'air et de manière à former une boule. Répétez l'opération quatre à cinq fois, puis placez la boule de pâte dans un saladier. Recouvrez-le d'un torchon propre et laissez monter une heure. La pâte doit doubler de volume.

Préchauffez le four à 40 °C (th. 1/2) en mode chaleur tournante.

Dégazez la pâte à l'aide du poing afin d'en retirer l'air puis déposez-la sur un plan de travail légèrement farinée. Pétrissez de nouveau rapidement afin de former une boule.

Divisez la pâte en 6 boules égales. Pour plus de précision, vous pouvez utiliser une balance.

Avec chaque boule, formez des boudins d'épaisseur et de longueur égales en faisant rouler la pâte entre le plan de travail et la paume de la main.

Formez une tresse à 3 branches avec 3 boudins de pâtes. Appuyez bien sur les extrémités afin de la solidifier. Si nécessaire, humidifiez légèrement les extrémités. Répétez l'opération avec les 3 boudins restants. Placez les tresses sur une plaque de cuisson recouverte de papier sulfurisé et enfournez pour environ 25 minutes. Elles doivent doubler de volume.

Sortez les tresses du four en les laissant sur la plaque de cuisson et augmentez la température à 170 °C (th. 5/6). Badigeonnez-les avec un œuf battu et saupoudrez de graines de sésame. Enfournez-les à nouveau pour 25 minutes, jusqu'à ce qu'elles soient bien dorées.

TIPS

À servir tiède à la sortie du four. Lorsque la challah commence à rassir, vous pouvez la passer au grille-pain, ou faire une challah perdue !

Kubbeh
קובה

POUR 4 PERSONNES / PRÉPARATION = 40 MIN

1 oignon jaune
2 cuil. à soupe d'huile d'olive
500 g de bœuf haché
1 cuil. à soupe de baharat
1 cuil. à café de sel
1 cuil. à café de poivre noir
1 feuille de céleri
1 kg de semoule extra-fine
500 g de boulgour extra-fin

Coupez l'oignon en petit dés. Faites chauffer l'huile d'olive dans une poêle, puis faites revenir l'oignon quelques minutes. Ajoutez ensuite la viande, le baharat, le sel et poivre. Lorsque le bœuf est cuit, retirez du feu.

Pendant ce temps, ciselez très finement la feuille de céleri. Ajoutez-la à la viande une fois que celle-ci a refroidi.

Confection de la pâte

Mélangez 250 g de semoule, 125 g de boulgour, 100 ml d'eau et une pincée de sel.

Répétez l'opération jusqu'à épuisement des ingrédients.

La pâte doit être non collante mais maniable. Ajustez en eau si nécessaire.

Cuisson des kubbeh

Prenez un peu de pâte et étalez-la dans la paume de la main. Ajoutez un peu moins de 1 cuillerée à café de farce de viande, puis refermez et formez une boule à la main. Celle-ci doit être plus petite qu'une balle de golf. Les kubbeh vont sensiblement gonfler à la cuisson. Choisissez ensuite votre mode de cuisson : sauce betterave, sauce hamousta ou sauce bamia (page 131).

שרש

LES KUBBEH SONT MA MADELEINE DE PROUST. C'ÉTAIT SYSTÉMATIQUEMENT LE PREMIER PLAT QUE L'ON MANGEAIT, À PEINE ARRIVÉS À NAHARIYA POUR LES VACANCES. JE REVOIS ENCORE MA GRAND-MÈRE LATIFA LES PRÉPARER. IL S'AGIT LÀ AUSSI D'UN CLASSIQUE DE LA CUISINE JUIVE IRAKIENNE. LES KUBBEH SONT DES BOULETTES DE VIANDE, DE SEMOULE ET DE BOULGHOUR QUI MIJOTENT DANS UNE SAUCE. JE VOUS PROPOSE ICI TROIS DÉCLINAISONS DE SAUCES, MA PRÉFÉRÉE ÉTANT CELLE À LA BETTERAVE. SI VOUS PASSEZ UN JOUR À JÉRUSALEM, JE VOUS INVITE À EN MANGER CHEZ RAHMO, JUSTE À LA SORTIE DU SHOUK MAHANE YEHUDA : ILS Y SONT DÉLICIEUX !

Kubbeh frits

קובה מטוגנת

POUR 4 PERSONNES / PRÉPARATION = 40 MIN / REPOS = 1 H / CUISSON = 30 MIN

Pour la pâte

500 g de boulgour extra-fin
150 g de semoule extra-fine
150 g de farine de blé
100 ml d'huile de tournesol
1 cuil. à soupe de paprika doux
1 cuil. à soupe de cumin en poudre
1 cuil. à café de curcuma moulu
1 cuil. à café de sel
1 cuil. à café de poivre

Pour la farce

1 oignon jaune ciselé
500 g de bœuf haché
50 g de pignons de pin
4 gousses d'ail hachées
1 cuil. à café de sel
1 cuil. à café de poivre
1 cuil. à café de baharat
1 cuil. à café de cardamome moulue (facultatif)
½ botte de persil hachée

½ litre d'huile de friture

Faites tremper pendant 30 minutes le boulgour dans 1 litre d'eau. Égouttez à l'aide d'un chinois et transférez dans un bol propre.

Ajoutez tous les autres ingrédients de la pâte et mélangez. Si la pâte vous paraît trop sèche, ajoutez 2 ou 3 cuillerées à soupe d'eau. Réservez 30 minutes au réfrigérateur.

Dans une poêle chaude, faites suer l'oignon quelques minutes. Ajoutez ensuite l'ensemble des ingrédients de la farce et laissez sur le feu jusqu'à ce que la viande soit cuite. Assaisonnez en sel et en poivre selon vos goûts. Émiettez bien la viande.

Prenez une bonne poignée de pâte dans une main puis, à l'aide de votre pouce, formez un tube afin de povoir le garnir de farce. Refermez l'ensemble en serrant bien. Formez des boulettes en forme d'ellipse. Répétez cette opération avec le reste de pâte et de farce.

Dans une sauteuse, faites chauffer le demi-litre d'huile. Faites frire les kubbehs jusqu'à ce qu'ils soient bien dorés et croustillants. Servez aussitôt !

Kubbeh sauce betterave

קובה סלק

POUR 4 PERSONNES / PRÉPARATION = 20 MIN / CUISSON = 1 H 10

1 portion de kubbeh (voir p. 126)
1 oignon jaune
4 grosses betteraves crues
1 céleri (branches)
4 feuilles de blette
Le jus de 1 citron jaune
100 g de concentré de tomates
1 cuil. à soupe de sucre
1 cuil. à soupe de cumin en poudre
Huile d'olive
Sel
Poivre

Réalisez les kubbeh (voir p. 126).

Émincez l'oignon en lamelles et faites-le revenir dans une casserole avec de l'huile d'olive.

Coupez les betteraves en bâtonnets d'environ 1 cm de large sur 5 cm de long. Coupez les branches du céleri en morceaux d'environ 4 cm de long. Coupez en lamelles les feuilles de blettes (en retirant la partie blanche).

Ajoutez dans la casserole le céleri, les betteraves, les blettes, le jus de citron, le concentré de tomates, le sucre ainsi que 3 litres d'eau. Salez et poivrez. Portez à ébullition.

Une fois à ébullition, réduisez à feu moyen pendant 50 minutes.

Ajoutez délicatement les kubbeh (voir p. 126) un par un à l'aide d'une cuillère à soupe. Couvrez et laissez cuire à feu doux 20 minutes supplémentaires. Les kubbeh sont cuits lorsqu'ils remontent à la surface. Dégustez sans attendre !

Kubbeh sauce hamousta
קובה חמוסטה

POUR 4 PERSONNES / PRÉPARATION = 20 MIN / CUISSON = 45 MIN

1 branche de céleri
3 courgettes
¼ de courge
4 feuilles de blette
2 oignons jaunes
70 g de concentré de tomates
Le jus de 5 citrons jaunes
Huile d'olive
Sel
Poivre

Réalisez les kubbeh (voir p. 126).

Coupez la branche du céleri en morceaux de 4 cm environ, et les feuilles en lamelles de 2 cm de large environ. Coupez les courgettes en rondelles. Coupez la courge en cubes de taille moyenne. Coupez les feuilles de blettes en lamelles de 2 cm de large environ. Émincez les oignons en lamelles.

Faites revenir l'oignon dans une grande casserole avec de l'huile d'olive. Ajoutez le céleri, la courge, les courgettes, les blettes, le jus de citron et le concentré de tomates. Salez et poivrez. Portez à ébullition. Une fois à ébullition, réduisez à feu moyen pendant 20 minutes.

Ajoutez délicatement les kubbeh (voir p. 126) un par un à l'aide d'une cuillère à soupe. Couvrez et laissez cuire à feu doux 20 minutes supplémentaires. Les kubbeh sont cuits lorsqu'ils remontent à la surface. Dégustez !

Kubbeh sauce bamia
קובה במיה

POUR 4 PERSONNES / PRÉPARATION = 20 MIN / CUISSON = 45 MIN

1 portion de kubbeh (voir p. 126)
3 oignons jaunes
400 g de pulpe de tomates en conserve
3 cuil. à soupe de concentré de tomates
1 cuil. à soupe de paprika doux
1 cuil. à soupe de sucre
Le jus de 1 citron jaune
400 g de gombos frais ou surgelé
Huile d'olive
Sel
Poivre blanc

Réalisez les kubbeh (voir p. 126). Émincez les oignons en lamelles.

Faites-les revenir dans de l'huile d'olive dans une grande casserole.

Ajoutez ensuite la pulpe de tomates, le concentré de tomates, le paprika, le sucre, le jus de citron, du sel, du poivre et 3 litres d'eau. Mélangez et portez à ébullition.

Ajoutez ensuite les gombos, réduisez le feu à moyen, couvrez et laisser cuire 20 minutes.

Ajoutez délicatement les kubbeh un par un à l'aide d'une cuillère à soupe. Couvrez et laissez cuire à feu doux 20 minutes supplémentaires. Les kubbeh sont cuits lorsqu'ils remontent à la surface. Dégustez aussitôt !

Chraimé
חריימה

POUR 4 PERSONNES / PRÉPARATION = 20 MIN / CUISSON = 30 MIN

1 tête d'ail
2 gros poivrons rouges
1 botte de coriandre
1 piment vert
4 pavés de poisson blanc (par exemple cabillaud, merlu ou lieu)
50 ml d'huile d'olive
1 cuil. à soupe de paprika doux
Sel
Poivre

Coupez l'ail en tranches pas trop fines de 2 mm environ d'épaisseur. Coupez les poivrons en lamelles.

Dans une large sauteuse, hors du feu, disposez la moitié des lamelles de poivrons, quelques branches de coriandre, l'ail et le piment. Déposez dessus les pavés de poisson, puis recouvrez-les d'huile d'olive. Ajoutez ensuite le paprika, le sel et le poivre.

Recouvrez avec le reste des poivrons et la coriandre (réservez 1 ou 2 branches pour le dressage). Ajoutez de l'eau à hauteur et portez à ébullition. Une fois à ébullition, couvrez, baissez à feu doux/moyen et faites cuire pendant 25 minutes environ. Pensez à arroser de temps en temps.

Parsemez du reste de coriandre préalablement ciselée et servez.

TIPS

Pensez à bien arroser le poisson tout au long de la cuisson. Vous pouvez également ajouter au début de la préparation 2 tomates coupées en dés pour obtenir une sauce plus juteuse.

> **TIPS**
> Pour plus de goût, vous pouvez rajouter un os à moelle et également 1 cuillerée à café de cardamome moulue.

Tbeet

טבית חמין עיראקי

POUR 4 PERSONNES / PRÉPARATION = 30 MIN / CUISSON = 8 H

- 1 gros oignon jaune
- 2 tomates
- 4 pommes de terre à chair ferme
- 3 cuil. à soupe d'huile olive
- 1 cuil. à soupe de concentré de tomates
- 1 cuil. à soupe de baharat
- 1 cuil. à café de curcuma moulu
- Sel
- Poivre noir
- 4 cuisses de poulet fermier
- 4 œufs fermiers
- 300 g de riz long thaï

Émincez les oignons, coupez les tomates en dés et épluchez les pommes de terre.

Dans une cocotte, faites chauffer l'huile d'olive, puis faites revenir les oignons. Ajoutez ensuite les tomates en dés, le concentré de tomates, le baharat et le curcuma. Salez et poivrez abondamment. Remuez bien.

Ajoutez les cuisses de poulet et faites-les rissoler 5 minutes de chaque côté.

Dans une autre cocotte, placez les œufs dans un grand volume d'eau, puis portez à ébullition. Retirez les œufs lorsque l'eau bout et réservez.

Ajoutez sur le poulet le riz, les pommes de terre, puis les œufs (avec la coquille). Couvrez avec environ 600 ml d'eau et portez à ébullition. Une fois à ébullition, couvrez la casserole, puis baissez le feu à doux/moyen. Laissez cuire jusqu'à ce qu'il n'y ait plus d'eau. À manger bien chaud, et prévoir une sieste ensuite...

ש׳ש

TBEET CHEZ LES IRAKIEN, TCHOLENT CHEZ LES ASHKENAZES, DAFINA CHEZ LES SÉFARADES OU ENCORE HAMIN : IL S'AGIT DU PLAT DE SHABBAT LE PLUS CONNU ET RÉPANDU. EN RAISON DE L'INTERDICTION D'UTILISER LE FEU DURANT SHABBAT, C'EST UN PLAT QUI MIJOTE TOUTE LA NUIT ET SE DÉGUSTE LE SAMEDI MIDI. CHAQUE COMMUNAUTÉ A SA RECETTE ET SES VARIANTES, MAIS JE VOUS PROPOSE ICI DEUX VERSIONS IRAKIENNES, LA CLASSIQUE AVEC DU POULET ET DU RIZ, ET UNE VERSION PLUS HIVERNALE AVEC DU BŒUF, DES POIS CHICHES ET DU BLÉ !

Tbeet au blé et pois chiches

(VERSION HIVERNALE)

טבית חיטה לחורף

POUR 4 PERSONNES / PRÉPARATION = 30 MIN / TEMPS DE REPOS : 12 H / CUISSON = 8 H

- 150 g de pois chiches secs
- 150 g de blé
- 1 kg de viande de bœuf (type paleron, macreuse ou jumeau)

Dans deux grands volumes d'eau, faites tremper pendant 12 heures minimum les pois chiches et le blé séparément.

Coupez la viande en gros cubes.

Réalisez la même recette, en remplaçant le poulet et le riz par le bœuf, les pois chiches et le blé.

> **TIPS**
> Vous pouvez ajouter 2 cuillerées à soupe de sirop de datte lors de la 3e étape pour une meilleure caramélisation du plat.

IL N'Y A PAS DE REPAS DE SHABBAT SANS UNE MULTITUDE DE SALADES. TRÈS SOUVENT, PLUS PERSONNE N'A FAIM LORSQU' ARRIVE LE PLAT !
VOICI UN CONDENSÉ DE MES SALADES PRÉFÉRÉES DE SHABBAT.

Coleslaw
קולסלאו

POUR 4 PERSONNES / PRÉPARATION = 10 MIN / RÉFRIGÉRATION = 1 H

2 carottes
½ chou blanc
½ chou rouge
70 g de mayonnaise
1 cuil. à soupe de vinaigre blanc
½ cuil. à soupe de vinaigre de cidre
2 cuil. à soupe de sucre
½ cuil. à café de graines de céleri moulues
Sel
Poivre

Épluchez et râpez les carottes. À l'aide d'une mandoline, d'un robot ou simplement au couteau, émincez finement le chou blanc et le chou rouge.

Pour réaliser la sauce, mélangez la mayonnaise, le vinaigre blanc, le vinaigre de cidre, le sucre et les graines de céleri moulues. Ajoutez un peu de sel et du poivre.

Mélangez tous les ingrédients et laissez reposer 1 heure au réfrigérateur avant de servir.

Salade de foie haché
סלט כבד קצוץ

POUR 4 PERSONNES / PRÉPARATION = 10 MIN / TEMPS DE CUISSON : 20 MIN / REPOS = 3 H

500 g de foie de volaille
4 œufs
2 cuil. à soupe d'huile d'olive
3 oignons jaunes
Sel
Poivre
4 cuil. à soupe de graisse de canard

Lavez les foies de volaille. Portez à ébullition un grand volume d'eau, puis faites cuire les œufs pendant 8 minutes. Plongez-les ensuite dans de l'eau glacée pour stopper la cuisson. Écalez-les.

Dans une sauteuse, chauffez l'huile d'olive, puis faites cuire les foies de volaille. Hachez les oignons et rajoutez-les dans la sauteuse. Prolongez la cuisson de quelques minutes.

Transférez dans un mixeur avec les œufs. Mixez en utilisant le mode pulse, en fonction de la consistance souhaitée. Salez, poivrez et ajoutez la graisse de canard.

Laissez refroidir au réfrigérateur avant de servir.

Salade d'oeufs durs
סלט ביצים

POUR 4 PERSONNES / PRÉPARATION = 10 MIN / CUISSON = 8 MIN

8 œufs fermiers
¼ de branche de céleri
½ oignon rouge
1 botte de ciboulette
1 botte d'aneth
1 gousse d'ail
75 g de mayonnaise
2 cuil. à café de jus de citron jaune
2 cuil. à café de moutarde de Dijon
1 cuil. à café de paprika doux
Sel
Poivre

Portez à ébullition un grand volume d'eau, puis faites cuire les œufs pendant 8 minutes. Plongez-les ensuite dans de l'eau glacée pour stopper la cuisson. Écalez-les et coupez-les en morceaux de la taille de votre choix en fonction du rendu souhaité.

Ciselez finement la branche de céleri ainsi que l'oignon. Ciselez également la ciboulette et l'aneth.

Dans un bol, pressez la gousse d'ail, puis ajoutez la mayonnaise, je jus de citron, la moutarde, le paprika, du sel et du poivre. Mélangez afin d'obtenir une sauce homogène.

Mélangez les œufs, le céleri, l'oignon, l'aneth et la ciboulette. Ajoutez ensuite la sauce. Ajustez l'assaisonnement. Servez bien frais !

TIPS
Vous pouvez rajouter des oignons nouveaux !

Salade chou, noodles et amandes
סלט כרוב נודלס ושקדים

POUR 4 PERSONNES / PRÉPARATION = 10 MIN / CUISSON = 5 MIN

½ chou blanc
1 paquet de nouilles instantanées
200 g d'amandes effilées
120 ml d'huile de tournesol
120 ml de vinaigre blanc
2 cuil. à soupe de sucre
Sel
Poivre

Coupez le chou en très fines lamelles. Broyez les nouilles à la main (n'utilisez pas le sachet d'épices fourni).

Dans une poêle chaude, torréfiez les amandes, puis les nouilles, quelques minutes.

Dans un pot hermétique, mélangez l'huile, le vinaigre et le sucre, puis secouez de manière énergétique, comme un shaker !

Dans un saladier, mélangez tous les ingrédients avec la vinaigrette et ajustez en sel et en poivre selon vos goûts. À servir bien frais.

Salade fenouil, chou rave et noix
סלט קולורבי שומר ואגוזי מלך

POUR 4 PERSONNES / PRÉPARATION = 10 MIN / CUISSON = 5 MIN / REPOS = 1 H

1 chou-rave
1 fenouil
2 citrons jaunes
Huile d'olive
100 g de noix
1 botte de persil plat
Sel
Poivre

Épluchez et coupez finement le chou-rave. Coupez le fenouil en fines lamelles également. Pressez les citrons et ajoutez le double de volume en huile d'olive. Mélangez. Faites tremper le chou-rave et le fenouil 30 minutes environ dans cette vinaigrette.

Hachez grossièrement les noix et torréfiez-les quelques minutes dans une poêle bien chaude. Ciselez le persil. Mélangez le chou-rave, le fenouil, les noix et le persil. Salez et poivrez selon vos goûts. À servir bien frais.

TIPS

Vous pouvez remplacer le persil par de l'aneth !

Salade matbucha
סלט מטבוחה

POUR 4 PERSONNES ENVIRON / PRÉPARATION = 5 MIN / CUISSON = 20 MIN

1 kg de tomates cerises bien mûres
4 gousses d'ail écrasées
1 cuil. à café de sel
1 cuil. à café de sucre
1 cuil. à café de paprika doux
½ cuil. à café de piment de Cayenne ou d'Espelette (facultatif)
250 ml d'huile d'olive

Coupez les tomates cerises en quatre, puis placez-les dans une poêle chauffée à feu moyen avec un filet d'huile d'olive. Faites cuire pendant 10 minutes environ en écrasant les quartiers de tomates à mi-cuisson. Remuez.

Dans un récipient, versez le reste des ingrédients et mélangez jusqu'à obtenir une sorte d'huile rouge. Ajoutez-la dans la poêle, réduisez le feu à doux et laissez mijoter pendant 10 minutes.

TIPS
À déguster chaud ou froid avec un morceau de challah !

Salade carottes au cumin
סלט גזר בכמון

POUR 4 PERSONNES / PRÉPARATION = 5 MIN / CUISSON = 15 MIN

6 carottes
3 cuil. à soupe d'huile d'olive
3 gousses d'ail hachées
1 cuil. à café de paprika doux
1 cuil. à café de cumin en poudre
1 cuil. à soupe de jus de citron
1 cuil. à soupe d'harissa
5 cuil. à soupe d'eau
½ botte de coriandre
Sel
Poivre

Portez de l'eau à ébullition dans une grande casserole. Après les avoir pelées, faites cuire les carottes entières jusqu'à qu'elles soient cuites mais encore fermes. Égouttez-les, puis coupez-les en rondelles de 1 cm d'épaisseur environ.

Dans une poêle, faites chauffer à feu doux 1 cuillerée à soupe d'huile d'olive. Ajoutez l'ail haché, le paprika, le cumin, le jus de citron, la harissa et l'eau. Remuez quelques minutes.

Coupez et hachez la coriandre. Ajoutez-la dans la poêle, puis prolongez la cuisson pendant 1 minute. Retirez du feu et ajoutez les carottes, remuez bien et ajoutez le reste d'huile d'olive. Assaisonnez en sel et en poivre selon vos goûts. Servez sans attendre.

Babaganoush
באבא גנוש

POUR 4 PERSONNES / PRÉPARATION = 10 MIN / REPOS = 30 MIN / CUISSON = 40 MIN

2 gousses d'ail
2 grosses aubergines
Le jus de ½ citron
1 pincée de sel
Poivre noir
3 cuil. à soupe d'huile d'olive
2 cuil. à soupe de sauce tehina (voir recette p. 69)
½ cuil. à café de cumin en poudre
½ cuil. à café de paprika doux

Préchauffez le four à 230 °C (th. 8) en mode grill et chaleur tournante. Coupez une gousse d'ail en fines lamelles. Piquez les aubergines à l'aide d'une fourchette et faites des entailles avec un couteau pointu. Ajoutez les lamelles d'ail dans les entailles.

Recouvrez une plaque de papier cuisson, déposez les aubergines dessus et enfournez à mi-hauteur pour 40 minutes environ, en les retournant à mi-cuisson. En fin de cuisson, la peau des aubergines doit avoir noirci. Sortez les aubergines du four et retirez la peau lorsqu'elles auront refroidi.

Égouttez les aubergines pelées dans une passoire environ 30 minutes de façon à retirer l'excédent d'eau. Lorsqu'elles sont bien égouttées, écrasez-les grossièrement dans un bol à l'aide d'une fourchette.

Ajoutez le jus de citron, le sel, le poivre et 2 cuillerées à soupe d'huile d'olive. Mélangez bien. Ajoutez la sauce tehina et les épices, puis mélangez de nouveau. Dressez dans un bol avec un filet d'huile d'olive sur le dessus. Dégustez sans attendre !

Têtes de chou-fleur panées
כרובית מטוגנת

POUR 4 PERSONNES / PRÉPARATION = 10 MIN / CUISSON = 8 À 12 MIN

1 chou-fleur
Gros sel
3 œufs
1 cuil. à café de paprika doux
Sel
Poivre
Huile de tournesol

Coupez les têtes de chou-fleur. Je vous conseille de retirer le tronc à l'aide d'un couteau, puis de séparer les têtes une à une à la main.

Dans une casserole, portez une grande quantité d'eau salée à ébullition et faites bouillir les têtes de chou-fleur pendant 3-4 minutes, puis égouttez-les.

Dans un saladier, battez les œufs, ajoutez le paprika et assaisonnez en sel et poivre. Trempez les têtes de chou-fleur dans le mélange en retirant bien l'excédent.

Dans une grande poêle ou une sauteuse, chauffez l'équivalent de 3 cm d'huile de tournesol. Pour savoir si l'huile est à bonne température, plongez-y une spatule en bois : si des bulles se forment autour, c'est que l'huile est assez chaude ! Faites frire les têtes de chou-fleur pendant 5 à 8 minutes. Elles doivent être dorées et croustillantes. Retirez l'excédent d'huile à l'aide d'essuie-tout. Servez aussitôt.

TIPS
À déguster avec l'aïoli zaatar (voir recette p. 65).

Boulettes de bœuf sauce gombos

קציצות בקר עם רוטב במיה

POUR 4 PERSONNES / PRÉPARATION = 30 MIN / RÉFRIGÉRATION = 30 MIN / CUISSON = 20 MIN

Pour les boulettes

1 botte de persil
1 oignon jaune
1 pomme de terre
500 g de bœuf haché
1 cuil. à soupe de paprika doux
1 cuil. à soupe de cumin en poudre
Sel
Poivre
Huile d'olive

Pour la sauce

1 oignon jaune
1 céleri-branche
6 gousses d'ail
400 g de pulpe de tomates en conserve
2 cuil. à soupe de concentré de tomates
300 g de gombos
1 cuil. à soupe de sucre
1 cuil. à soupe de paprika doux
Sel
Poivre

Pour les boulettes

Mixez dans un robot le persil, l'oignon et la pomme de terre.

Ajoutez ensuite la viande, les épices, du sel et du poivre. Mélangez à l'aide d'une spatule. Ajoutez un filet d'huile d'olive, filmez et laissez reposer au frais 30 minutes environ.

Pour la sauce

Émincez l'oignon en lamelles, coupez le céleri en petits cubes et émincez finement l'ail.

Dans une casserole chaude avec un filet d'huile d'olive, faites revenir l'oignon. Ajoutez ensuite la pulpe de tomates, le céleri, le concentré de tomates, les gombos, le sucre, le paprika, du sel et du poivre. Ajoutez 2 litres d'eau et portez à ébullition.

Baissez ensuite le feu et laissez mijoter. Assaisonnez à nouveau en fonction de vos goûts.

Pendant ce temps, façonnez des petites boulettes de viande, à peine plus petites qu'une balle de golf. Disposez-les dans la sauce et laissez cuire pendant 20 minutes environ. Servez avec du riz blanc !

Épaule d'agneau confite
שוק טלה קונפי

POUR 4 PERSONNES / PRÉPARATION = 20 MIN / REPOS = 1 NUIT / CUISSON = 3 H 40 MIN

10 g de ras el-hanout
10 g de baharat
10 ml d'huile d'olive
1 épaule d'agneau (environ 1,5 kg)
1 tête d'ail
2 oignons blanc
1 pincée de sel
½ botte de thym
4 branches de romarin

Mélangez le ras el-hanout, le baharat et l'huile d'olive. Placez la viande dans un plat à cuisson et badigeonnez-la de la marinade aux épices. Laissez reposer toute la nuit au frais.

Le jour même, préchauffez le four à 210 °C (th. 7) en mode chaleur tournante. Ajoutez un verre d'eau dans le fond du plat et enfournez 40 minutes. À mi-cuisson, retournez la viande, de manière à saisir les deux faces.

Baissez la température à 140 °C (th. 5/6) et continuez la cuisson pendant 3 heures en retournant et arrosant la viande avec le jus de cuisson toutes les 30 minutes.

Coupez la tête d'ail en deux dans le sens de la largeur et émincez les oignons, puis ajoutez-les dans le plat à mi-cuisson avec le thym et le romarin. Servez bien chaud.

TIPS

À mi-cuisson, vous pouvez aussi ajouter des pommes de terre coupées en quartiers ainsi que des feuilles d'épinards.

Kabab
קבב

POUR 4 PERSONNES / PRÉPARATION = 10 MIN / CUISSON = 15 MIN / RÉFRIGÉRATION = 1 H

4 oignons jaunes
1 botte de persil
1 kg de bœuf haché
100 g de graisse d'agneau
4 cuil. à soupe d'eau
4 cuil. à soupe d'huile
1 cuil. à café de sel
1 cuil. à café de poivre noir
1 cuil. à café de bicarbonate
1 cuil. à café de baharat

Hachez finement les oignons et ciselez le persil. Dans un grand récipient, mélangez à la main l'intégralité des ingrédients. Filmez et laissez reposer 1 heure au réfrigérateur.

Deux options au choix :

Formez des petites boulettes en forme de palet d'un diamètre de 4/5 cm environ ;

Disposez la préparation le long d'une tige en métal pour confectionner des brochettes.

Faites cuire au barbecue à votre goût et selon votre viande. À servir avec des frites, la salade Akko (voir p. 24) ou la market salad (voir p. 82).

Oreilles d'Aman
אוזני המן

POUR UNE VINGTAINE DE GÂTEAUX / PRÉPARATION = 20 MIN / RÉFRIGÉRATION = 1 H 10 / CUISSON = 15 À 20 MIN

Pour la pâte

125 g de beurre doux à température ambiante

125 g de sucre

1 œuf

1 cuil. à soupe de lait entier

1 cuil. à café d'extrait de vanille

250 g de farine

¼ de cuil. à café de levure chimique

¼ de cuil. à café de sel

Pour la farce au pavot

100 g de graines de pavot

20 cl de lait

20 g de sucre

4 cuil. à soupe de miel

¼ de cuil. à café de sel

Mélangez le beurre, le sucre, l'œuf, le lait et la vanille à la main ou à l'aide d'un robot muni d'un fouet. Dans un autre bol, mélangez la farine, la levure et le sel. Ajoutez ensuite cette préparation à la précédente en remuant, jusqu'à obtenir une texture homogène. La pâte doit être facilement manipulable sans être collante. N'hésitez pas à rajouter 1 cuillerée à soupe de farine si vous estimez que la pâte est trop collante. Filmez et laissez reposer 1 heure au minimum au réfrigérateur.

Dans un mortier, écrasez les graines de pavot. Dans une casserole, ajoutez tous les ingrédients de la farce et faites chauffer à feu doux pendant 5 à 10 minutes en remuant continuellement, jusqu'à ce que le mélange épaississe.

Étalez la pâte à l'aide d'un rouleau à pâtisserie jusqu'à obtenir une épaisseur d'environ 6 à 7 mm. À l'aide d'un emporte-pièce ou d'un bocal, découpez des disques de 7 cm de diamètre environ. Disposez-les sur du papier cuisson. Ajoutez environ 1 cuillerée à café de farce au centre de chaque disque. Rabattez 3 extrémités vers le centre en pinçant bien chaque jonction. Il faut obtenir une sorte de triangle dans lequel on distingue la farce au milieu.

Préchauffez le four à 190 °C (th. 6/7) en mode chaleur tournante. Pendant ce temps, mettez les oreilles d'Aman au congélateur pendant 10 minutes environ. Cela évitera qu'elles s'ouvrent à la cuisson. Enfournez-les ensuite pour 10 minutes environ. Laissez refroidir avant de déguster.

CETTE RECETTE EST FAITE AVEC LA FARCE AU PAVOT CAR C'EST UNE DES PLUS TRADITIONNELLES, MAIS DE NOMBREUSES VARIANTES EXISTENT. VOUS POUVEZ TOUT À FAIT LA DÉCLINER AVEC LA CONFITURE DE VOTRE CHOIX, OU BIEN MÊME DE LA PÂTE À TARTINER !

שרש

Sufganyot (beignets de Hanouka)
סופגניות

POUR ENVIRON 12 BEIGNETS / PRÉPARATION = 15 MIN / REPOS = 3 H / CUISSON = 10 MIN

Pour la pâte
300 g de farine tamisée
25 g de levure fraîche de boulanger
125 ml d'eau de source
40 g de sucre en poudre
3 jaunes d'œufs
5 g de sel
40 g de beurre coupé en dés
1 cuil. à soupe d'extrait de vanille
1 l d'huile de friture

Pour les toppings
50 g de sucre glace
50 g de sucre semoule
5 g de cannelle moulue
5 g de cardamome moulue

Dans un bol, mélangez 100 g de farine, 5 g de levure émiettée et l'eau de source. Ramenez la pâte vers le centre, couvrez et laissez lever pendant 2 heures à température ambiante ou toute la nuit au frais.

Dans le bol d'un robot ou dans un bol, ajoutez le reste de la farine et émiettez dessus le reste de levure. Ajoutez le sucre, les jaunes d'œufs, puis la première préparation. Pétrissez pendant 2 minutes, ajoutez le sel et continuez de pétrir jusqu'à ce que la pâte se décolle des parois du bol. Lorsque la pâte est bien homogène, ajoutez les dés de beurre et l'extrait de vanille, puis pétrissez jusqu'à ce qu'elle soit bien lisse et un peu molle.

Farinez le plan de travail, puis formez une boule avec la pâte. Déposez-la dans un bol préalablement fariné, recouvrez-le d'un torchon et laissez reposer à température ambiante, jusqu'à ce que la pâte double de volume (environ 1 heure).

Découvrez la pâte et dégazez-la en appuyant dessus avec le poing, puis pétrissez-la légèrement afin de former une boule. Divisez-la en 12 morceaux d'environ 40 g. Avec chaque morceau, formez une boule. Déposez-la sur une feuille de papier sulfurisé. Faites de même avec les autres morceaux. Recouvrez l'ensemble des boules avec un torchon et laissez reposer jusqu'à ce qu'elles doublent de volume.

Versez environ 1 litre d'huile de friture dans une grande casserole (ajustez le volume d'huile en fonction de la taille de la casserole) et laissez chauffer jusqu'à ce que l'huile atteigne 160 °C et ne dépasse jamais 180 °C. Faites frire les beignets environ 8 minutes en les retournant à mi-cuisson. Une fois frits, déposez-les sur du papier absorbant puis, au choix, saupoudrez-les de sucre glace ou roulez-les dans un mélange sucre, cannelle et cardamome. Dégustez !

Malawach
מלאווח

POUR 4 PIÈCES / PRÉPARATION = 1 H 10 / CUISSON = 10 MIN / REPOS = 1 H 20

500 g de farine
+ quelques cuil. à soupe supplémentaires durant la préparation
25 g de sucre
10 g de sel
2 g de levure chimique
315 ml d'eau tiède
135 g de beurre doux à température ambiante

Préparation de la pâte

Dans un grand saladier, mélangez à la main la farine, le sucre, le sel et la levure chimique.

Ajoutez ensuite 80 ml d'eau en la renversant sur vos mains et en la dispersant bien sur toute la pâte. Mélangez à la main en décollant la pâte des parois du bol en passant par le dessous. Répétez cette opération de pétrissage pendant 5 à 7 minutes, jusqu'à ce que la pâte soit lisse et homogène. Filmez le bol et laissez reposer à température ambiante pendant 10 minutes.

Façonnage des boules individuelles

Nettoyez le plan de travail, puis beurrez-le. Beurrez également vos mains et caressez la boule de pâte. Pensez à bien beurrer le dessous de la pâte également.

Divisez ensuite la pâte en deux, puis divisez à nouveau chaque moitié en deux pour obtenir quatre morceaux identiques. Pour ce faire, enroulez la pâte de votre pouce à votre index, puis pressez-la avec vos deux doigts jusqu'à la diviser en morceaux de la taille d'une orange. Placez votre pouce au centre de la boule de pâte, tirez et pliez ses extrémités vers votre pouce afin de les bloquer sous celui-ci.

Disposez les boules partie lisse vers le haut, couvrez avec un torchon et laissez reposer 10 minutes supplémentaires à température ambiante.

TIPS

Cette recette étant relativement longue et fastidieuse, vous pouvez tout à fait surgeler les morceaux de pâte lors de l'étape de la mise au réfrigérateur. Emballez-les individuellement avec du film alimentaire avant de les surgeler. Il suffit de les décongeler à température ambiante avant de reprendre la recette juste avant l'étape de la cuisson à la poêle.

Préparation et cuisson des malawach

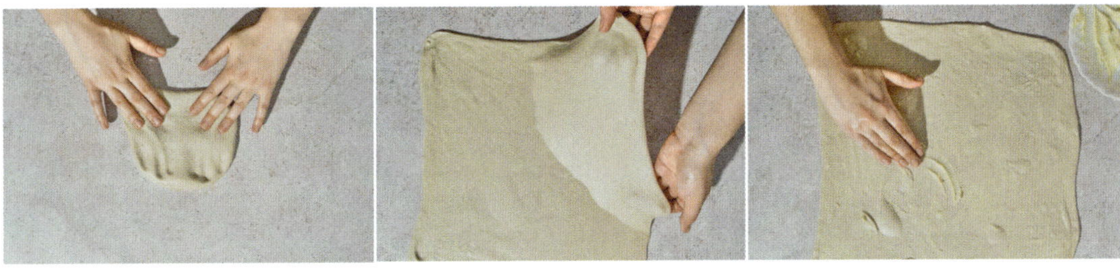

Beurrez à nouveau le plan de travail. Disposez une boule de pâte et commencez à l'aplatir le plus possible, en étirant chaque extrémité. Dès que vous sentez que la pâte peut se rompre, ajoutez du beurre. Vous devez obtenir une pâte extrêmement fine et transparente. Continuez de l'aplatir et de l'étaler jusqu'à obtenir un carré d'environ 50 cm de côté.

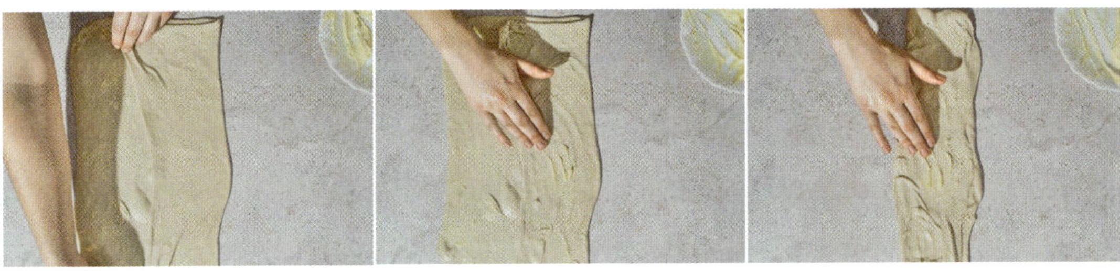

Repliez à présent la partie droite du carré vers le centre. Beurrez le dessus, puis rabattez la partie gauche vers le centre. Beurrez également le dessus. Vous obtenez un morceau de pâte rectangulaire vertical d'une épaisseur de 3 couches.

Attrapez ensuite l'extrémité en bas à gauche, puis repliez-le vers le centre pour former une sorte de triangle. Repliez la partie gauche sur celle de droite. Répétez cette opération jusqu'en haut du rectangle de pâte. Rabattez les deux extrémités en dessous et déposez la pâte sur une assiette beurrée. Répétez la même opération avec les autres morceaux de pâte, filmez le tout et laissez reposer 1 heure au réfrigérateur.

Après avoir nettoyé le plan de travail, ajoutez-y un peu de farine et travaillez la pâte à l'aide d'un rouleau à pâtisserie, jusqu'à obtenir des galettes d'environ 25 à 30 cm de diamètre.

Faites chauffer à feu doux/moyen une poêle de diamètre moyen (maximum 30 cm) et déposez-y votre pâte. À l'aide d'une spatule en bois, écrasez-la légèrement pour qu'elle épouse la forme de la poêle. Couvrez et laissez cuire pendant 5 minutes environ, jusqu'à ce que la préparation commence à brunir. Retournez le malawach, couvrez à nouveau et laissez cuire pendant encore 5 minutes. Répétez l'opération avec les autres morceaux de pâte.

Servez avec la holy trinity (voir p. 66) !

Jachnun
ג׳חנון

POUR 10 PIÈCES / PRÉPARATION = 1 H 30 / CUISSON = 12 H / REPOS = 1 H 10 À 8 H 10

1 kg de farine de blé
50 g de sucre
2 g de levure chimique
35 g de miel
20 g de sel
675 g d'eau tiède
15 g d'huile de tournesol
200 g de beurre doux à température ambiante
10 œufs
Sauce tehina (voir p. 69)
Schug (voir p. 66)
Dips de purée de tomates (voir p. 66)

Préparation de la pâte

Dans un grand saladier, versez la farine, le sucre, la levure chimique, le miel, le sel et mélangez. Ajoutez l'eau et mélangez jusqu'à ce que l'intégralité de l'eau soit absorbée. La pâte doit être humide et collante. Laissez reposer à température ambiante pendant 5 minutes.

Pétrissez la pâte en ramenant les extrémités vers le centre pendant quelques minutes jusqu'à obtenir une boule homogène. Placez la pâte de nouveau dans un saladier et couvrez avec du film alimentaire. Laissez reposer à température ambiante pendant au moins 1 heure. Vous pouvez la laisser reposer jusqu'à 8 heures pour obtenir plus d'élasticité.

Façonnage des boules individuelles

Séparez la pâte en 10 boules de masse égale (environ 170 g par boule). Graissez-vous ensuite les mains avec de l'huile de tournesol et étirez chaque boule en tirant la pâte vers l'extérieur puis en la ramenant en dessous. Répétez cette opération une dizaine de fois par boule, jusqu'à qu'elle soit compacte et lisse.

À l'aide d'un pinceau, badigeonnez abondamment chaque boule d'huile de tournesol. Couvrez et laissez reposer pendant 5 à 10 minutes à température ambiante.

TIPS

Le jachnun est un bijou de la cuisine juive yéménite ! C'est le plat de Shabbat par excellence car il doit cuire toute la nuit. On le déguste le samedi matin avec la Holy Trinity (voir p. 66).

Confection et cuisson des jachnun

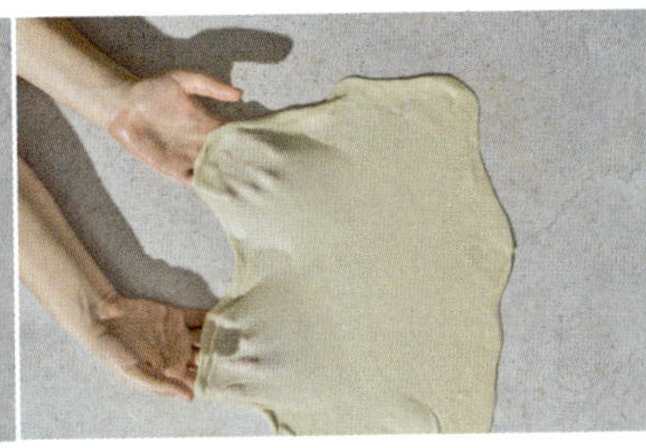

Nettoyez, puis beurrez le plan de travail. Disposez une boule de pâte et aplatissez-la le plus possible à la main, en poussant chaque extrémité vers l'extérieur. Dès que vous sentez que la pâte peut se rompre (ce qui n'est pas grave), ajoutez du beurre. Étalez-la ensuite à l'aide d'un rouleau à pâtisserie. La pâte doit être extrêmement fine et transparente. Continuez de l'aplatir et de l'étaler, jusqu'à obtenir un carré d'environ 50 cm de côté.

Prélevez l'équivalent de 1 cuillerée à soupe de beurre et étalez-le sur l'intégralité de la surface de la pâte à l'aide de vos doigts. Avec un pinceau, recouvrez-la ensuite intégralement d'huile de tournesol.

Repliez à présent la partie droite du carré vers le centre.

Beurrez le dessus, puis rabattez la partie gauche vers le centre.

Beurrez également le dessus. Vous obtenez un morceau de pâte rectangulaire vertical d'une épaisseur de 3 couches. Badigeonnez à nouveau l'intégralité de la surface de la pâte d'huile de tournesol.

SUITE CONFECTION
PAGE SUIVANTE

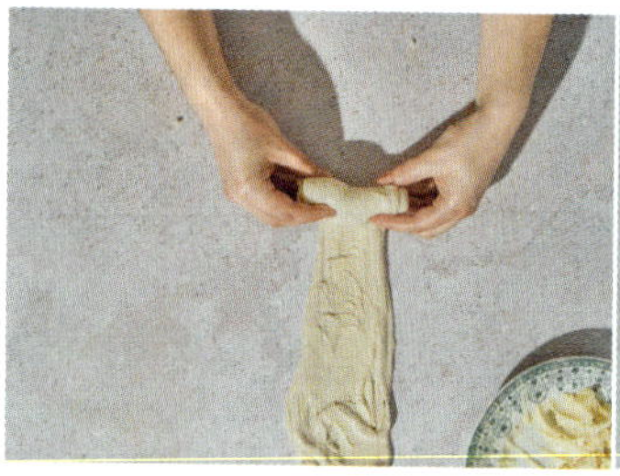

Roulez maintenant la pâte en partant du bas vers le haut jusqu'à former une sorte de gros cylindre. Tout au long du processus, veillez à bien la tirer vers le bas avant de la replier afin que le cylindre soit le plus serré possible. Répétez cette étape avec les 9 autres boules de pâte.

Choisissez une casserole à bords hauts, puis découpez 3 cercles de papier cuisson d'un diamètre un peu plus grand que le fond de la casserole. Graissez, à l'aide d'un pinceau, les deux faces de chacun des cercles. Graissez également le fond de la casserole. Disposez un premier cercle de papier cuisson, puis disposez dessus 3 cylindres de pâte côte à côte. Placez-en ensuite deux autres de chaque extrémité de manière à ce qu'ils épousent les bords de la casserole.

Disposez à nouveau un cercle de papier cuisson et répétez l'opération avec les 5 cylindres de pâte restants.

Pour finir, ajoutez le dernier cercle de papier cuisson, puis déposez dessus les œufs avec la coquille. Placez le couvercle sur la casserole.

Préchauffez le four à 110 °C (th. 4). Enfournez au niveau le plus bas pour 12 heures. Pendant la cuisson, préparez de la sauce tehina (voir p. 69), du schug (voir p. 66), et de la purée de tomates (voir p. 66). À la fin de la cuisson, écalez les œufs et dégustez !

29b

Chiche's Handmade Granola
HINI
Sumac
Sumac
Dukkah

JACKY CHAN:
THE DRAGON FIST

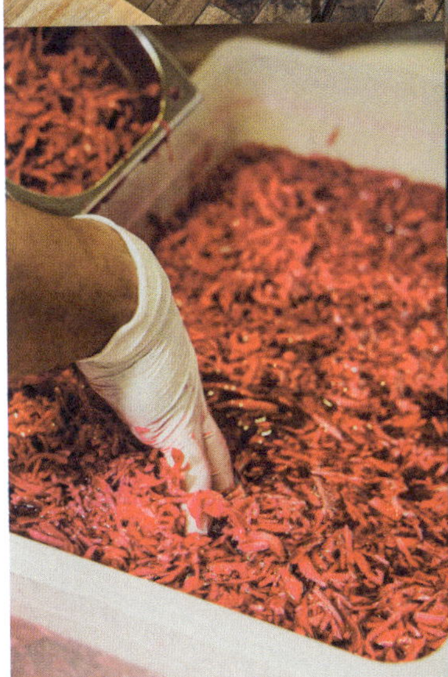

LONDON LIVE

Table des recettes

Le petit déjeuner 11

La cuisine de rue 41

Index des recettes

Index par ingrédient

Crédits

Je tiens à remercier mes parents pour m'avoir transmis depuis tout petit le goût de la cuisine et pour m'avoir toujours épaulé et soutenu dans cette aventure entrepreneuriale.

Je remercie également chaleureusement mes tantes Sarah, Mazal, Esther, Evelyn et Edna pour leur accompagnement dans la rédaction des recettes familiales et la recherche de photos de famille, et mon père Elie pour les traductions et les nombreux allers-retours !

Un grand merci évidemment à ma compagne Pauline, qui me soutient dans tout ce que j'entreprends depuis le jour 1 et qui m'a apporté une aide précieuse dans la rédaction de ce livre.

Enfin, je tiens à remercier mon équipe chez Chiche (les anciens comme les présents) qui travaille dur au quotidien pour faire vivre le restaurant !

Jonathan

Toutes les photos sont de Jordan Landaverde et Chloë Prestwich, sauf celles des pages 6, 7, 8 (en haut), 9 (en haut), 10, 11 (en bas), 42, 43 (en haut), 81, 120 et 121 qui sont la propriété de l'auteur.

Direction : Didier Férat
Direction éditoriale : Fanny Ecochard-Martin
Édition : Marjorie Goussu
Préparation de copie : Camille Weibel
Relecture : Hugo Gadroy
Graphisme et mise en page : Chloé Senget
Photogravure : Chromostyle
Fabrication : Laurence Duboscq

serviceclients@lisez.com

ISBN : 978-2-263-18786-5
Code éditeur : L18786/01
Dépôt légal : octobre 2024
Imprimé en Espagne par Macrolibros.